W0472053

Celia Nentwig

Wildpflanzen

Köstliche Rezepte, essbare Dekorationen und Geschenkideen

Mit freundlicher Unterstützung von ASA SELECTION GERMANY

BLOOM's by Ulmer

Herausgeber
BLOOM's GmbH, Ratingen (D)
www.blooms.de

Idee + Konzeption
Hella Henckel, Celia Nentwig

Redaktion + Text
Hella Henckel

Floral Design
Dany Eschenbüscher, Renate Haller, Hella Henckel, Celia Nentwig

Grafik Design
Daniela Redlich

DTP
Gordian Jenal

Herstellung
Himmer, Augsburg (D)

Fotos
Celia Nentwig, Michael Nentwig, Marion Weinberg

6: Luise/ pixelio.de (1), Birgit Eickenberg/ pixelio.de (1)
48: Günter Schlee/ pixelio.de (1), Heinz Ober/ pixelio.de (1)
49/50: Maria Lanznaster/ pixelio.de (1)
77: Sprosse1952/ pixelio.de (1)
90: Ginover/ pixelio.de (1)
92: Erika Hartmann/ pixelio.de (1), Klaus-Peter Wolf/ pixelio.de (1)
94: Joujou/ pixelio.de (1)
120: tom-dooley/ pixelio.de (1), uschi dreiucker/ pixelio.de (1), Susanne Schmich/ pixelio.de (1)
148: knipseline/ pixelio.de (1)
158: Maria Lanznaster/ pixelio.de (1)
159: Sprosse1952/ pixelio.de (1)

! **Falls nicht anders vermerkt, sind alle Rezepte für 4 Pesonen berechnet.**

© BLOOM's GmbH
Am Potekamp 6
D-40885 Ratingen
T +49 2102 9644-0
F +49 2102 896073
www.blooms.de
info@blooms.de

4. Auflage 2014

ISBN 978-3-8001-7717-2

Inhalt

Dem Traurigen ist jede Blume ein Unkraut, dem Glücklichen jedes Unkraut eine Blume! (finnisches Sprichwort)

Blütensalat

Zutaten

Grundsalat aus Giersch, Löwenzahn, Knoblauchsrauke, Spitzwegerich, Schafgarbe und Kopfsalat, gewaschen und trocken geschleudert • Blüten oder Blütenblätter von z. B.: Mohn, Malve, Nachtkerze, Glockenblume, Boretsch, Kapuzinerkresse, Löwenzahn, Ringelblume, Indianernessel usw.

Mein Tipp:

Hierzu reiche ich gerne ein leichtes Öl-Essig-Dressing mit pürierten Gundermannblättern – ein hochsommerlicher, bunter Genuss.

Aus der Natur auf den Tisch

Wildpflanzen haben mein Leben verändert! Als ich mit Ende Dreißig, nach Jahren der Hektik und des Getriebenseins, auf der Suche nach einem ausgeglichenen Lebenswandel und gesunder Ernährung war, stieß ich auf die allseits wohltuende Wirkung dieser Naturschätze. „Slow Food“, „Downshifting“ mögen die Modewörter für das sein, was mir die Beschäftigung mit unserer heimischen Vegetation bescherte. Ich entdeckte durch diese essbaren Wildpflanzen eine neue Welt und ungeahnte Fülle, die mich vielfältig inspiriert. Das Suchen, Entdecken, Sammeln, Zubereiten und Genießen – es fasziniert mich, wie reichlich Mutter Natur den Tisch für uns gedeckt hat. Ob zarte Kräuter für köstliche Salate, Wildpflanzen für schmackhafte Gemüse, bunte Blüten als Naschdekoration oder die Fülle der Früchte, aus denen sich gesunde kulinarische Genüsse herstellen lassen, sie alle bereichern meine Küche. Lediglich Zeit und Muße sowie die Liebe zum Essen und zur Natur sind Voraussetzungen für ein befriedigendes Gelingen, das nicht nur dem Gaumen und Magen sondern auch der Seele schmeichelt.

Mit diesem Buch möchte ich Sie an meiner Freude und Begeisterung teilhaben lassen. Ich hoffe, dass ich Sie anstecken kann, unsere Natur vor der Haustür neu zu entdecken! Es würde mich freuen, wenn diese kulinarischen Wildpflanzengenüsse aus dem Garten Eden demnächst Ihren Speiseplan im Verlauf des Jahres bereichern. Die Rezepte zum Nachkochen sind einfach und doch raffiniert, sie sind alle für das Buch original gekocht und zubereitet worden. Die Dekorationsideen runden den Tafelgenuss ab und lassen sich mit wenig Aufwand erstellen. Sie werden sehen, wie leicht Sie Ihre Gäste damit überraschen und begeistern können!

Ich wünsche Ihnen viel Freude beim Sammeln und Entdecken sowie gutes Gelingen beim Zubereiten der Ernte.

Celia Nentwig

!

Doch eine Bitte habe ich. Sammeln Sie immer nur so viel, wie Sie für den Eigenbedarf benötigen und ernten Sie einen Fundort nie gänzlich ab, um das Fortbestehen der Pflanzen zu sichern. So haben Sie und andere Menschen auch im Folgejahr wieder Freude an ihnen.

1

2

3

4

Giersch

Giersch (Geißfuß, Ziegenkraut), Doldenblütler

Aegopodium podagraria, *Apiaceae*

Es gibt kaum ein Kraut, was Gartenbesitzer mehr verzweifeln lässt, als den wuchernden Giersch. Ich empfehle diesen Menschen, den Giersch nicht zu hacken, sondern ihn regelmäßig zu beernten. Das dämmt unweigerlich seinen Ausbreitungsdrang ein. Und schließlich lassen sich jede Menge wohlschmeckender Gerichte mit ihm herstellen!

Generell

Pflanze: kräftige, mehrjährige, 30 cm bis 100 cm hoch werdende Staude. **Blätter:** grüne, einfach bis doppelt dreifiedrige Blätter mit gesägtem Rand und dreieckigem, asymmetrischem Umriss an dreikantigem und im unteren Bereich hohlem Stängel. **Blüte:** weiße Blütendolde, von Mai bis August mit bis zu zwanzig kleinen, weißen, strahligen Blüten. **Früchte:** eiförmig, bräunlich, bis 4 mm lang. **Verbreitung:** in schattig-feuchten Busch- und Waldregionen in ganz Europa.

Verwendung und Geschmack

Die nach Petersilie, Karotte oder Sellerie schmeckenden und in der Küche vielseitig einzusetzenden **Blätter** und **Stängel** des Gierschs können idealerweise ähnlich wie Spinat als Gemüse zubereitet werden. Sie sollten von Mai bis August möglichst in jungem Zustand geerntet werden, wenn sie noch leicht glänzend und zart sind. Auch zarte **Triebspitzen** sind fein geschnitten eine köstliche Zutat für Rohkost, Salat, Dipp, Kräuterquark oder Suppe und bereichern Risotto oder Käsegerichte. Getrocknet sind die Blätter ein intensives Würzmittel. Auch Limonade oder Gelee geben sie Geschmack. Die leicht scharf schmeckenden **Blütendolden** können von Juni bis August im knospigen oder halb geöffneten Zustand zum Salat gegeben werden oder dienen als essbare Dekoration und als Butterbrotbelag. Die getrockneten **Früchte** mit ihrem an Fenchel oder Kümmel erinnernden Geschmack würzen von Juli bis September manche Speise.

Sammelort und Erkennungsmerkmale

Typisches Erkennungsmerkmal des Gierschs sind seine dreigeteilten, stark nach Karotte oder Sellerie duftenden Blätter und der dreikantige Blattstiel. Junge Blätter sind hellgrün und glänzend, ältere stumpf und dunkelgrün. Außerdem wächst er meist flächendeckend, kommt also in größeren Mengen vor. Verwechslungsgefahr besteht mit den jungen Setzlingen vom Schwarzen Holunder *(Sambucus niger)*. Die Holunderblätter sind jedoch nicht dreigeteilt und riechen auch nicht nach Möhre. Oder auch mit jungen Engelwurzblättern *(Angelica sylvestris)*, sie haben aber an jedem Fiederansatz dunkelviolette Ringe.

1 Schon früh im Jahr schiebt sich der Giersch mit seinen zarten und überaus schmackhaften Trieben durchs wintertrockene Laub. Bis September kann er immer wieder beerntet werden.

2 Die doldenartigen Blütenstände erscheinen im Mai/Juni. Auch sie sind essbar, ihre Samen dienen als Würzmittel.

3 Am Wegesrand, im Wald, im Garten – kaum ein Plätzchen, an dem der widerstandsfähige Giersch nicht mit seinen Ausläufern zügig ganze Flächen besiedelt.

4 Hieran lässt sich der Giersch gut erkennen: Meist bildet er dichte, blättrige Flächen mit seinen dreikantigen Stängeln am feuchten, schattigen Standort.

Giersch-Gemüse

mit Ingwer auf Kartoffel

Ein deftiges Essen, was in kleinerer Portion gut als Vorspeise dienen kann und schnell gemacht ist.

Zutaten

4 mittelgroße, festkochende Kartoffeln • 1 Liter Messzylinder Giersch (20 Blätter zurück behalten) • 1 Zwiebel, klein geschnitten • 1 Knoblauchzehe, fein gehackt • 1 Stück frischer Ingwer, gerieben • Mozarella, fein gewürfelt, alternativ: Krabben • Salz • Öl

Zubereitung

Kartoffeln mit der Schale in Salzwasser kochen, abgießen und im Topf zur Seite stellen. Giersch waschen, blanchieren, abgießen, klein schneiden. Zwiebel in Öl glasig dünsten, Knoblauch und blanchierten Giersch dazugeben und unter ständigem Rühren 3 bis 5 Minuten weiter dünsten. Mit Ingwer und Salz abschmecken. Kartoffeln halbieren, mit einem Teelöffel leicht aushöhlen. Auf jede Kartoffelhälfte einen Löffel voll Giersch geben, mit Mozarella-Scheibe belegen und kurz im Ofen überbacken. Auf den mit Gierschblättern dekorierten Tellern servieren.

Mein Tipp:

Raffiniert ist es auch, einige Kartoffelhälften mit Krabben zu belegen.

Giersch-Gemüse mit Ingwer auf Kartoffel

Sein botanischer Name leitet sich aus dem griechischen Aegopodium ab. Das bedeutet Ziege und Füßchen, was auf die ziegenfußähnlichen Blattansätze an den unterirdischen Ausläufern verweist.

Giersch-Nockerln

mit Zuckererbsen und Möhren

Zutaten

100 g Quark • 30 g Bergkäse, gerieben • 1 großes Ei • Meersalz • Pfeffer • Muskatnuss • 150 g Weizen, fein gemahlen • 150 - 200 g Giersch • 200 g Spinat • Butter • Parmesan, gerieben • Zuckererbsen • Möhren in Streifen

Zubereitung

Giersch und Spinat kurz blanchieren, abgießen, etwas ausdrücken und fein hacken. Quark mit Bergkäse, Ei, Salz, Pfeffer und Muskatnuss verrühren. Giersch, Spinat und Weizenmehl untermischen. Ca. 20 Minuten ziehen lassen. Salzwasser in einem Topf zum Kochen bringen. Mit nassen Esslöffeln Nockerln abstechen und ins kochende Wasser geben. Bei milder Hitze Nockerln ziehen lassen, bis sie an der Oberfläche schwimmen. In einem zweiten Topf die Zuckererbsen und die Möhrenstreifen dünsten. Zuckererbsen und Möhrenstreifen dekorativ auf dem Teller anrichten, dazu die Nockerln auf einen Butterspiegel legen und mit Parmesan bestreuen, sowie ggf. geschmolzene Butter ergänzen.

Giersch-Nockerln mit Zuckererbsen und Möhren

Gierschonade

die Sommer-Limonade

Zutaten

10 - 15 Giersch-Blätter • 1 Gundermann-Ranke • nach Belieben zusätzlich je ein Stängel von Minze, Melisse, Wiesenknopf oder Lavendel • Saft von einer Zitrone • 1 l Apfelsaft • 1 l Mineralwasser

Zubereitung

Kräuter waschen, ausschütteln und als Strauss zusammenbinden. Kräftig anquetschen und für mindestens drei Stunden in den Apfelsaft hängen. Strauss herausnehmen, Zitronensaft und Mineralwasser hinzufügen. Kühl servieren.

Gierschonade, die Sommer-Limonade

Braten
in Giersch-Kartoffel-Kräuterkruste

Zutaten Braten

800 g Rinderfilet (oder Rehfilet, Lammkeule) • 1 TL Wacholderbeeren • 4 Pfefferkörner • Salz • 50 g durchwachsener Speck, klein gewürfelt • 3 EL Butterschmalz

Zutaten Soße

200 ml Gemüsebrühe • 8 EL Hagebuttenmark (Rezept S. 152) • Salz

Zutaten Giersch-Kartoffel-Kräuterkruste

4 Bund klein gehackter Kräuter, wie Giersch, Brennnessel, Bärlauch, Minze • 1 Zwiebel, klein gehackt • 2 Kartoffeln, gekocht, zerdrückt • 50 g Paniermehl oder Haferflocken • 50 g Parmesan, gerieben • 30 g Butter • 1 Ei

Zubereitung

Das Filet kalt abspülen, trocken tupfen. Mit den klein gemörserten Wacholderbeeren und Pfefferkörnern sowie dem Salz einreiben. Eine Stunde ziehen lassen. Die Speckwürfel in Butterschmalz anbraten, dann herausnehmen. Die Hitze erhöhen und das Filet von allen Seiten scharf anbraten. Hitze reduzieren und jede Seite weitere 2 Minuten braten. Den Braten in Alufolie packen und im 80 °C vorgeheizten Ofen ruhen lassen. Für die Kräuterkruste alle Zutaten gut vermischen und mit Salz und Pfeffer abschmecken. Braten damit bestreichen und bei 200 °C in 10 Minuten fertig braten. Für die Soße den Bratensatz mit Gemüsebrühe ablöschen und aufkochen. Durch ein Sieb in einen Topf gießen. Hagebuttenmark einrühren und etwas einkochen lassen. Mit Salz abschmecken.

Braten in Giersch-Kartoffel-Kräuterkruste

Österlicher Tischschmuck

mit naturgefärbten Eiern und Giersch

Schalen von braunen und weißen Eiern bepflanze ich mit kleinen, zarten Gierschpflanzen. Die anderen Eier färbe ich mit Naturfarbstoffen.
Grün: 2 EL Mateblätter mit 1 l Wasser aufbrühen, Eier ca. 8 Minuten darin ziehen lassen. **Orangerot:** 1 Tasse Sandelholz mit 1 l Wasser aufkochen, abgießen und Eier in diesem Sud 7 Minuten kochen lassen. Solange im Sud belassen, bis gewünschte Farbintensität erreicht wurde. **Violett:** 1 Tasse getrockneter Heidelbeeren mit 1 l Wasser aufkochen, abseihen und bereits gekochte Eier heiß hineinlegen. Ca. 10 Minuten darin ziehen lassen. **Blau:** 4 EL Malvenblüten mit 1 l Wasser aufkochen, abseihen und bereits gekochte Eier heiß hineinlegen und nach Belieben darin ziehen lassen. **Braun:** 1 Tasse Walnussschalen mit 1 l Wasser aufkochen, abgießen und Eier in diesem Sud 7 Minuten kochen lassen. So lange im Sud belassen, bis gewünschte Farbintensität erreicht wurde. **Gelb:** 5 EL Curcuma mit 1 l Wasser aufkochen, abseihen und bereits gekochte Eier heiß hineinlegen und nach Belieben darin ziehen lassen. **Rot:** 4 EL Hibiskusblüten mit 1 l Wasser aufkochen, abseihen und bereits gekochte Eier heiß hineinlegen und nach Belieben darin ziehen lassen.

Material

Naturfärbemittel aus der Kräuterapotheke oder dem Reformhaus • Hühnereier • junge Gierschpflanzen mit Wurzel und Erde

Österlicher Tischschmuck mit naturgefärbten Eiern und Giersch

Giersch-Eier

in Holz- und Rindenstücken

Auf meinen Wanderungen suche ich in Wäldern und an Flußufern nach Holz- oder Rindenstücke mit Astloch. Diese dienen mir bei der natürlichen Variante meiner österlichen Dekoration als Halt gebender Untergrund für die mit Giersch bepflanzten Eier. Gießt man den Giersch regelmäßig, hat man lange Freude an diesem Frühlingsschmuck im Miniaturformat.

Material

Holzstücke mit Astlöchern • Birkenzweige • Hühnereier • Wachteleier • Federn • junge Gierschpflanzen mit Wurzel und Erde

Mein Tipp:

Die gesammelten Holzstücke lassen sich gut mit zu Ringen gewundenen, jungen Birkenzweigen ergänzen. Auch sie geben den Eiern Standfestigkeit.

Giersch-Eier in Holz- und Rindenstücken

1

2

3

4

Wiesenschaumkraut

Wiesenschaumkraut (Fleischblume, Wiesenkresse), Kreuzblütler
Cardamine pratensis, *Brassicaceae*

Im Frühjahr ist das Wiesenschaumkraut nicht zu übersehen, wenn es die Wiesen nur für eine kurze Zeit mit seinen luftigen, violetten Blütenständen überzieht. Mich erinnert dies an Meeresschaum. Welche Freude war es für mich als Kind, aus dieser Fülle einen dicken Blumenstrauß für meine Mutter zu pflücken. Aber im restlichen Jahr sucht man das Wiesenschaumkraut meist vergeblich.

Generell

Pflanze: mehrjährige, aus einer anfänglichen Rosette ca. 50 cm hoch werdende Staude. **Blätter:** grundständig in einer Rosette, unpaarig gefiedert mit 3 bis 8 rundlich bis eiförmigen Fiederblattpaaren mit gewelltem Rand und einem deutlich vergrößerten Endblatt, im oberen Bereich zierlich mit linearen Teilblättchen an aufrechtem, unverzweigtem, rundem und hohlem Stängel.
Blüte: April bis Juni, traubiger Blütenstand mit Blüten, die je aus vier ca. 1 cm langen rundlichen, violettfarbenen Blütenblättern bestehen und gut sichtbare gelbe Staubbeutel aufweisen.
Früchte: zwischen Juni und September 2 bis 3 cm lange Schote aufrecht abspreizend an der Fruchtstandsachse sitzend.
Verbreitung: auf Feuchtwiesen und Auenwäldern der nördlichen Erdkugel.

Verwendung und Geschmack

Früh im Jahr, von April bis Mai, sind die zarten, leicht kresseartig oder senfig schmeckenden **Blätter** und **Triebe** des Wiesenschaumkrauts eine bereichernde Zutat für Salat, Kräutersuppe oder Eintopf. Später werden die Blätter bitterer und sollten nur noch wohl dosiert verwendet werden. Dann ergänzen die mild nach Meerrettich schmeckenden **Blütenknospen** Kräuterquark, Dipps oder Pesto und sind eine schöne essbare Dekoration. Von April bis Juni können die **Stängel** des Wiesenschaumkrauts wie Gemüse genossen werden, auch in Aufläufen und Suppe. Die ab Juni bis September erscheinenden **Samen** dienen als scharf-würziger Brotbelag, getrocknet als Pfefferersatz oder geröstet als Senfzutat.

Sammelort und Erkennungsmerkmale

Das Wiesenschaumkraut wächst vor allem auf frischen Feuchtwiesen oder in Auenwäldern. Im zeitigen Frühjahr lässt es sich auf kahlen Stellen an seinem rosettenartigen Wuchs erkennen, der viele rundliche, sich nach außen hin vergrößernde Blättchen aufweist. Auf Wiesen ist das Wiesenschaumkraut vor der Blüte allerdings nur schwer auszumachen. Hier gibt es sich erst zu erkennen, wenn die Stängel sich strecken und die blasslila Blüten erscheinen. Am besten, man probiert ein Blättchen, es muss kresseartig schmecken. Häufig finden sich in den Blattachseln des Wiesenschaumkrauts kleine, an Speichel erinnernde Schaumnester der Wiesenschaumzikade, deren Wirtspflanze sie ist. Verwechseln könnte man das Wiesenschaumkraut mit seinen ebenfalls essbaren Verwandten, der Wiesenkresse *(Cardamine hirsuta)*, dem Spring-Schaumkraut *(Cardamine impatiens)* und dem bitteren Schaumkraut *(Cardamine amara)*. Auch besteht Verwechslungsgefahr mit dem giftigen Goldlack *(Erysimum cheiri)*, der jedoch gelbe Blüten und weniger eingekerbte Blätter besitzt.

1 Der traubige Blütenstand hat bis zu 30 vierzählige Blüten, die im geöffneten Zustand in der Mitte deutlich die gelben Staubgefäße erkennen lassen.

2 Vor allem die knospigen Blütentuffs sammele ich als Salatbeigabe oder als würzige Zutat für meine Frühlings-Genussküche.

3 Auch auf saftigen Wiesen ist das Wiesenschaumkraut zusammen mit Löwenzahn eine Zier, die Pflanze ohne Blütenschmuck jedoch schwer im Grün der Wiese auszumachen.

4 Den Boden lichter Auenwälder übersät das Wiesenschaumkraut bereits im April/Mai mit seinen zart violett farbenen Blütenständen.

CousCous-Salat

mit Wildkräutern

Dieser erfrischende und appetitanregende Salat lässt sich wunderbar vorbereiten und ist zugleich auch eine Augenweide.

Zutaten Dressing

1 Knoblauchzehe • 3 El Zitronensaft • 1 TL Honig • Salz, Pfeffer • Muskatnuss • 3 El Olivenöl • 3 EL Buttermilch

Zutaten Salat

1/2 Zwiebel, gewürfelt • 100 g Karotten, geraspelt • 100 g Fenchel, fein geschnitten • 1 kleiner Apfel, geschält, geraspelt • 80 g Couscous • 200 ml Wasser • 50 g Kräuter: Spitzwegerich, Giersch, Knoblauchsrauke, Gundermann, Sauerampfer, Kleiner Wiesenknopf, Zitronenmelisse, Pfefferminze • Zur Garnitur: Wiesenschaumkraut-Blüten und Zitronenmelisseblätter

Zubereitung

Alle Dressingzutaten verrühren und kräftig abschmecken. Couscous nach Packungsangabe zubereiten. Kräuter waschen und trocken schleudern, zupfen und fein hacken. Die Salatzutaten mit dem Dressing vermengen, 30 Minuten ziehen lassen und noch einmal abschmecken. Den fertigen Salat mit Wiesenschaumkraut-Blüten und Zitronenmelisseblättern garnieren. Kühl servieren.

Mein Tipp:

Als besonderes Salat-Topping verwende ich gerne ein Bukett aus essbaren Blütenpflanzen wie Gundermann, Veilchen, Ackerstiefmütterchen und Wiesenschaumkraut. Dafür ein Sträußchen zusammenlegen, mit einem dünnen Streifen Salatgurke umwickeln und mit einem Holzspießchen zur Fixierung durchstechen.

CousCous-Salat mit Wildkräutern

Schaumkraut-Taler

(ergibt ca. 24 Stück)

Diese Fingerfood-Häppchen reiche ich gerne zum Aperitif oder auch als kleiner Snack für zwischendurch.

Zutaten

40 g Gouda-Käse, gerieben • 1 großer Apfel • 2 - 3 EL Zitronensaft • 4 EL Butter • 1 TL Senf • Salz • Pfeffer • 24 Brottaler, z. B. Pumpernickel • 24 - 30 Stängel blühendes Wiesenschaumkraut (kann zu anderen Jahreszeiten durch Gartenkresse ersetzt werden)

Zubereitung

Den Apfel waschen, vierteln und entkernen. Drei Viertel des Apfels grob raspeln, das vierte Viertel halbieren und quer in hauchdünne Scheiben schneiden. Die Scheibchen mit Zitronensaft beträufeln, damit sie nicht braun werden. Die Apfelraspel mit der weichen Butter, Senf, Salz und Pfeffer vermischen. Die Brottaler damit bestreichen. Die Wiesenschaumkrautblüten und -knospen großzügig auf den Talern verteilen. Mit dem Käse und den Apfelscheibchen belegen.

Schaumkraut-Taler

Kräuterquark

mit Wiesenschaumkraut

Zu frischem, deftigem Brot ist dieser Dipp eine wahre Köstlichkeit. Aber auch mit Gemüsestiften und Blattsalat genascht, ist dieser Dipp bei meinen Gästen beliebt.

Zutaten

8 EL fein gehackte Wildkräuter wie Schaumkraut, Sauerampfer, Knoblauchsrauke, Giersch, Gundermann… • 200 g Frischkäse oder Quark • 200 g Saure Sahne • Salz • Senf • Zitronensaft • Honig • Zur Garnitur: Blüten und Blätter

Zubereitung

Die Wildkräuter waschen, gut trocken schleudern und fein hacken. Alles miteinander verrühren und mit Salz, Senf, Zitronensaft und Honig abschmecken. Mit Blüten und Blättern garnieren.

Kräuterquark mit Wiesenschaumkraut

Wiesenschaumkrautcrème

in Lachsrolle

Diese pikante Variante der Lachsrolle löst immer wieder Begeisterung aus. Ob als Vorspeise oder für einen kleinen Abendsnack zum Glas Wein gereicht, der Aufwand ist gering, die Wirkung groß!

Zutaten Teig

450 ml Milch • 225 g Mehl • 6 Eier • 3 EL Öl

Zutaten Füllung

600 g geräucherter Lachs in Scheiben • 600 g Frischkäse • 3 EL Saure Sahne • 3 TL Meerrettich • Salz • 2 Handvoll Wiesenschaumkrautknospen und -blüten • 8 junge Wiesenbärenklaublätter • Blüten zum Garnieren

Zubereitung

Den Teig mit dem Mixer verrühren und 30 Minuten quellen lassen. Ein Backblech mit Backpapier auslegen, den Teig darauf verteilen und 10 bis 13 Minuten bei 200°C backen. Die Blätter des Bärenklaus waschen, gut trocknen und sehr fein hacken. Den Bärenklau und das Wiesenschaumkraut mit dem Frischkäse, der Sahne und dem Meerrettich vermischen, abschließend mit Salz abschmecken. Die Frischkäsemasse auf den ausgekühlten Teig streichen, anschließend mit Lachs belegen. Den Teig aufrollen und ca. 30 Minuten im Kühlschrank durchkühlen lassen. Zum Servieren die Rolle in Scheiben schneiden und mit Blüten garnieren.

Wiesenschaumkrautcreme in Lachsrolle

Flaschenvase
mit Wiesenschaumkraut

Den Liebreiz der Wiesenschaumkrautblüten lasse ich bei diesem Flaschenschmuck voll zur Wirkung kommen. Dazu weiße ich mehrere kleine, gleichartige Saftflaschen mit Wandfarbe. Die Pinselspuren dürfen durchaus noch zu sehen sein. Den Flaschenhals akzentuiere ich mit verschiedenen violettfarbenen Bändern, bevor ich Wasser einfülle und jede Flasche mit ca. 8 Stängeln des Wiesenschaumkrauts fülle. Hintereinander oder in kleinen Gruppen über die Tischmitte verteilt, ist diese blühende Flaschenparade ein farbenprächtiger und schmucker Tischmittelpunkt.

Material

6 – 8 kleine Glasfläschchen z. B. von Saft • mehrere weiße und violettfarbene Schmuckbänder • Wiesenschaumkraut • weiße Wandfarbe

Flaschenvase mit Wiesenschaumkraut

Wie herrlich leuchtet mir die Natur!
Wie glänzt die Sonne!
Wie lacht die Flur! (Johann Wolfgang von Goethe)

Poesie-Vasen
fürs Wiesenschaumkraut

Gedichte passen zum Frühling und zum duftig-zarten poetischen Ausdruck des Wiesenschaumkrauts. Deshalb beschrifte ich mit einem Ice-Pen einfache Trinkgläser mit Frühlingsgedichten und stelle dicke Sträuße mit Wiesenschaumkrautblüten hinein, die ich mit weißen Spitzenbändern umwickele.

Material
breite klare Trinkgläser • Ice-Pen (im Bastelgeschäft erhältlich) • weißes Spitzenband • Wiesenschaumkraut

Poesie-Vasen fürs Wiesenschaumkraut

1

2

3

4

Knoblauchsrauke

Knoblauchsrauke (Lauchkraut), Kreuzblütengewächse
Alliaria petiolata, *Brassicaceae*

Die Knoblauchsrauke schätze ich wegen ihres milden Geschmacks – im Vergleich zum Knoblauch. Wer sie einmal gekostet hat, wird ungern auf ihr würziges, leicht senfiges bis knoblauchähnliches Aroma verzichten wollen.

Generell

Pflanze: zweijährig, bis 1 m hoch werdend. **Blätter:** anfangs rundlich bis herzförmig, später annähernd dreieckig mit gekerbtem Rand, unbehaart, an Brennnessel erinnernd. Wechselständig, sich nach oben verjüngend an rundlichem Stängel. **Blüte:** von April bis Juni des zweiten Jahres erscheinend, weiß mit vier Blütenblättern. **Früchte:** längliche Schote mit 6 bis 8 schwarzen Samen. **Verbreitung:** in Waldfluren, unter Hecken und an beschatteten Wiesenrändern, in Mitteleuropa bis mittlere Gebirgslagen.

Verwendung und Geschmack

Der milde, senf- bis knoblauchartige Geschmack steckt vor allem in den **Blättern** und **Trieben** der Knoblauchsrauke, diese lassen sich von April bis Juni vielseitig verwenden. Am besten verwendet man sie frisch z. B. in Kräuterquark, Kräuterbutter, Pesto und Salat oder als Sandwichfüllung, gerne in Kombination mit Käse. Bei warmen Speisen, wie Suppen, sollte die gehackte Knoblauchsrauke erst kurz vor dem Servieren hinzugefügt werden, keinesfalls mitkochen, weil die Geschmacksstoffe leicht flüchtig sind. Die **Blüten** sind im Mai essbare Dekoration in Salat oder können kurz blanchiert als Gemüsebeilage dienen. Die länglichen, unreifen **Früchte** würzen von Mai bis Juni Fischgerichte, die im Spätsommer reifenden **Samen** sind ein köstliches Gewürz für Gebäckstangen. Siehe dazu auch unser Rezept mit Blätterteig-Knabberstangen auf Seite 84 f. Zermahlene Samen würzen zudem Essig oder Senf. Die **Wurzeln**, im Herbst und Frühjahr geerntet, liefern ein scharfes, meerrettichartiges Gewürz.

Sammelort und Erkennungsmerkmale

Die Knoblauchsrauke bevorzugt beschattete Wald- und Wiesenränder, ist auch in lichten Wäldern anzutreffen. Im ersten Jahr im Herbst bildet sie mit ihren rundlichen bis nierenförmigen Blättern eine Blattrosette. Jetzt sammelt sie Kraft für die Überwinterung. Im Frühjahr des zweiten Jahres schiebt sie wieder erst eine Blattrosette vor, um dann unverzweigt bis zu einem Meter in die Höhe zu schießen. Die erst dunkelgrünen, rundlich bis nierenförmigen Blätter wandeln sich mit zunehmender Wuchshöhe in hellgrüne dreieckige bis spitze Blätter, ähnlich der Brennnessel, mit kürzer werdenden Blattstielen. Den runden Stängel krönen viele kleine, weiße Blüten, die wie eine Traube angeordnet sind. Im Frühjahr sind die Blätter der Knoblauchsrauke mit dem Scharbockskraut *(Ranunculus ficaria)* verwechselbar, deren Blätter sind auffällig glänzend, fühlen sich knackig an und duften nicht nach Knoblauch, auch diese sind vor der Blüte genießbar. Auch der Gundermann *(Glechoma hederacea)* hat ein ähnliches Blatt – (siehe Seite 104 f.) Später sieht die Knoblauchsrauke der Brennnessel *(Urtica dioica)* ähnlich (siehe Seite 76 f.), hat aber nicht deren Brennnhaare und ein helleres Blattgrün.

1. Im zeitigen Frühjahr und im ersten Jahr ihrer Vegetationszeit wächst die Knoblauchsrauke rosettenartig am Waldboden mit rundlichen bis nierenförmigen Blättern.
2. Im zweiten Jahr werden die Blätter spitzer und dreieckiger und verjüngen sich nach oben hin. Die weiße Blüte besitzt vier Blütenblättchen.
3. Die reifen Schoten liefern schmackhafte dunkelbraune bis schwarze Samen, die sich zum Würzen eignen.
4. Die Knoblauchsrauke erscheint meist in größerer Menge im zweiten Jahr blühend und bis zu einem Meter hoch werdend mit nahezu unverzweigtem Stängel.

Knoblauchsrauke-Wildkräutersalat

mit deftigem Kartoffeldressing

Mein „Klassiker" im Frühling. Die Wildkräuter, denen vor allem die Knoblauchsrauke die Würze verleiht, sind schnell gesammelt.

Zutaten Soße

2 rote Zwiebeln, fein gehackt • 1 kleine Knoblauchzehe, fein gehackt • 4 EL Olivenöl • 4 EL weißer Balsamico-Essig • 2 EL Sahne • Pfeffer • Salz • 40 Blätter Knoblauchsrauke, in feine Streifen geschnitten • 6 mittelgroße Kartoffeln

Zutaten Salat

4 mittelgroße Chicoree oder 200 g Feldsalat • 100 g Wildkräuter, wie Knoblauchsrauke, Löwenzahn, Sauerampfer, Giersch, Labkraut, Wegerich • 100 g durchwachsener Speck, gewürfelt • Tomaten und Knoblauchsraukenblätter zur Dekoration

Zubereitung

Kartoffeln schälen, vierteln und in wenig Wasser kochen. Das Dressing in einer großen Schüssel anrichten. Dazu Zwiebel, Knoblauch und die Knoblauchsrauke mit den übrigen Zutaten gut verrühren. Wenn die Kartoffeln gar sind, zusammen mit dem Kochwasser zu dem Dressing geben und mit einer Gabel zerdrücken und zu einer sämigen Soße verrühren. Chicoree putzen, vierteln, kleinschneiden (bzw. Feldsalat putzen). Kräuter waschen, trocken schleudern und große Blätter etwas klein zupfen. Speckwürfel in einer Pfanne knusprig braten. Die Teller mit Knoblauchsraukenblättern und Tomatenvierteln dekorieren. Den Salat auflegen und mit den Speckwürfeln bestreuen. Warm servieren.

Knoblauchsrauke-Wildkräutersalat mit deftigem Kartoffeldressing

Knoblauchsrauke- und Wildkräuter-Pesto

Eine wunderbare Alternative zu dem bekannteren Basilikum-Pesto. Aufgrund des ohnehin leichten Knoblaucharomas muss kein Knoblauch hinzu gegeben werden, so dass auch Menschen, die gegen Knoblauch allergisch sind, dieses Pesto genießen können.

Zutaten

200 g Knoblauchsrauke und/oder andere Würzkräuter, wie Giersch, Gundermann, Wiesenschaumkraut • 100 g Parmesan, gerieben • 50 g Mandeln, gemahlen • 50 g Sonnenblumen-, Walnuss- oder Pinienkerne, fein gehackt • ca. 400 ml Olivenöl • Salz • Pfeffer

Zubereitung

Kräuter waschen, gut trocken schleudern und klein hacken. Die Hälfte der Kräuter in etwas Olivenöl pürieren. Die restlichen Kräuter, Parmesan, Mandeln, Kerne oder Nüsse, sowie Salz und Pfeffer dazugeben. Alles in einem Mörser gut vermahlen. Nach Bedarf Olivenöl beigeben, bis eine sämige Masse entsteht.

Mein Tipp:

Passt wunderbar aufs Brot für eine kleine Vorspeise oder klassisch zu Spaghetti.

Knoblauchsrauke- und Wildkräuter-Pesto

Grüner Pfannkuchen

mit Knoblauchsrauke und Spargel

Bei einigen meiner Gäste sind diese auffallend grünen Pfannkuchen nachhaltig in Erinnerung geblieben.

Zutaten

2 Eier • 80 g Mehl • 8 EL Milch • Salz • 40 g Knoblauchsrauke • 12 Stangen Spargel • 20 Hopfensprossen • Butter

Zubereitung

Spargel bissfest kochen, Hopfensprossen nur kurz blanchieren. Knoblauchsrauke waschen, etwas klein schneiden und in der Milch pürieren. Diese „grüne Milch" zu dem Mehl und den Eiern geben und verquirlen, mit Salz abschmecken, etwas quellen lassen. In heißem Öl zu 4 dünnen Pfannkuchen backen. Jeden Pfannkuchen mit 3 Spargelstangen und 5 Hopfensprossen belegen und aufrollen. Pfannkuchen halbieren, mit Knoblauchsrauke oder Hopfensprossen dekorieren und mit heißer Butter servieren.

Mein Tipp:

Die zur gleichen Zeit sprießenden Hopfensprossen können wie Wildspargel als Gemüsebeilage dazu genossen werden.

Grüner Pfannkuchen mit Knoblauchsrauke und Spargel

Knoblauchsrauke

mit Schafskäse und Tomate auf Schlehenspieß

Zutaten

200 g Schafskäse • 40 Blätter von der Knoblauchsrauke • 20 Cherry-Tomaten • Salz • Pfeffer • Schlehenspieße oder Zahnstocher

Zubereitung

Knoblauchsrauke waschen und trocken tupfen. Schafskäse-Würfel in ein Knoblauchsraukenblatt einschlagen und mit einer halben Tomate auf einen Spieß geben. Mit Blättern und Blüten der Knoblauchsrauke dekorieren.

Mein Tipp:

Will ich ganz im Wildpflanzenthema bleiben, wähle ich statt handelsüblicher Holz-Spießchen die spitzen Dornen der Schlehe. Sie sind ausreichend lang und kräftig. Ich sammle sie meist schon in den Wintermonaten, wenn die Schlehen noch kahl sind.

Knoblauchsrauke mit Schafskäse
und Tomate auf Schlehenspieß

„Der Safft von der Knoblauchsrauke oder das Pulver der Samen in die Nasen geblasen, macht Niesen, erwecket diejenigen so in die groß Krankheit seind gefallen." (Hieronymus Bosch)

Knoblauchsrauke-Pesto

zum Verschenken

Wenn ich dieses Pesto mache (Rezept auf Seite 38 f.), bereite ich immer ein paar Gläschen mehr vor. Gekühlt halten sie sich einige Wochen. Mit Etikett versehen und einem angebundenen Holzlöffel ist dies auch ein nettes Geschenk aus der eigenen Küche.

Material

Einmachgläser • Etikett • Holzlöffel • Korb

Knoblauchsrauke-Pesto zum Verschenken

Knoblauchsrauke

mit Maßliebchen

Die ersten kleinen Knoblauchsraukenblätter sind wahre Kostbarkeiten, das unterstreicht auch die kleine Dekorationsidee. Lediglich ein Blatt dient den Maßliebchen als grüne Basis. Dazu mit einer kleinen runden Schüssel, die einen etwas größeren Durchmesser als die Gläser aufweist, Kreise auf dem handgeschöpften Papierbogen anzeichnen und ausschneiden. Dann über die mit Wasser und Flusskiesel gefüllten Gläser legen und mit Bindfaden fixieren. Mit einer Stricknadel mittig Löcher einpieksen und durch diese die Stielchen der Blätter und Blüten stecken.

Material

Wassergläschen z. B. kleine Einmachgläser • handgeschöpftes Papier • runde Schüssel zum Anzeichnen der Kreise • Bindfaden • Flusskiesel • Knoblauchsrauken-Blätter • Maßliebchen

Knoblauchsrauke mit Maßliebchen

1

2

3

4

Bärlauch

Bärlauch (Waldknoblauch), Liliengewächse

Allium ursinum, *Liliaceae*

Nur eine kurze Zeit im Frühjahr begeistert der Bärlauch mit seinem weithin wahrnehmbaren Knoblauchsgeruch. Doch dann wird es höchste Zeit, ihn zu sammeln. Auch hier rate ich meinen Naturfreunden, nur die Menge zu ernten, die man für den Eigenbedarf braucht. Außerdem sollte man immer nur einzelne Blätter von den Pflanzen entnehmen, so schützt man den Bestand und kann sich im nächsten Jahr wieder auf eine Ernte freuen.

Generell

Pflanze: mehrjährige, ca. 40 cm hoch werdende Staude. **Blätter:** dunkelgrün, oberseits glänzend und glatt, schmal bis lanzettlich geformt, ganzrandig und bis 20 cm lang werdend. **Blüte:** kugeliger Blütenstand mit weißen, sternförmigen, kurz gestielten Einzelblüten mit meist sechs Blütenblättern, von April bis Mai auf dreikantigem Blütenstängel endständig blühend. **Früchte:** ab Juni als drei- oder viergeteilte Frucht mit kleinen Samen. **Verbreitung:** in den Wäldern Mitteleuropas.

Verwendung und Geschmack

Nahezu die gesamte Pflanze lässt sich in der Küche verwenden. Als Zwiebelgewächs ist ihr ein intensiver, aromatischer, scharfer Geschmack nach Knoblauch eigen und findet deswegen gerne als Alternative zu diesem Verwendung in der Küche. Seine von März bis April erscheinenden **Blätter** ergeben ein wunderbares Pesto zu Pasta. Auch als Brotbelag genossen, in Kräuterquark, Kräuterbutter, Käse, Soße oder in Gemüse sind sie aufgrund ihrer Schärfe eine bereichernde, stark würzende Zutat. Die **Blütenknospen**, die sich im April bilden, ergeben eingelegt in Öl, Essig und Salz ein aromatisches Antipasto. Die ab April bis Juni erscheinenden weißen **Blüten** eignen sich für essbare Dekorationen sowie als Zutat in Salat oder auf kalten Platten. Auch in der Suppe, zu Kartoffeln oder in Teigspeisen ist Bärlauch bereichernd. Der **Samen**, ab Juni noch grün und unreif geerntet, lässt sich ähnlich wie grüner Pfeffer zu Käse, Soße und Gemüse ergänzen. Ausgereift und getrocknet ergibt er ein pfeffriges Trockengewürz.

Sammelort und Erkennungsmerkmale

Der Bärlauch ist meist in ausgedehnten Kolonien in feuchten und schattigen Lagen der Laub-, Misch- oder Auenwälder anzutreffen. Sein Knoblauchgeruch ist oft von weither wahrnehmbar, spätestens jedoch beim Zerreiben der Blätter mit den Fingern. Der Bärlauch ähnelt anderen Pflanzen aus der Familie der Liliengewächse, vor allen dem Maiglöckchen *(Convallaria majalis)* oder der Herbstzeitlose *(Colchicum atumnale)*. Beide sind giftig. Die Blattstängel des Bärlauchs sind auffällig kantig dreieckig und kommen einzeln aus dem Boden, die des Maiglöckchens sind rund und es stecken immer zwei Blätter in einem Schaft. Herbstzeitlosen-Blätter erheben sich dagegen als Bund ineinander gerollter Blätter aus dem Boden – meist in der Wiese. Beiden fehlt der typische Knoblauchgeruch.

1 Anders als das Maiglöckchenblatt, mit dem der Bärlauch verwechselt werden könnte, ist das Blatt glatt und an der Oberseite glänzend und einzeln dreikantig gestielt.

2 Wenn die gelben Rapsfelder blühen, ist meist auch die Sammelzeit für den Bärlauch gekommen.

3 Die sternenförmigen Einzelblüten, aber auch der ganze Blütenstand, wird gerne für essbare Dekorationen, bei Rohkost oder zu Gemüse eingesetzt.

4 Typisch: Der Bärlauch besiedelt den Waldboden meist großflächig im schattigen, feuchten Bereich. Die Blüten übersäen später das dunkelgrüne Laubwerk.

Bärlauch-Thunfisch-Dipp

Ein erfrischender Frühlings-Dipp, der schnell zubereitet ist.

Zutaten

1 Dose Thunfisch im eigenen Saft • 100 g Crème fraîche • 100 g Frischkäse • 10 - 15 Bärlauchblätter • Saft einer Zitrone • 1 Prise Zucker • Salz und Pfeffer

Zubereitung

Thunfisch in einem Sieb abtropfen lassen und grob zerkleinern. Mit der Crème fraîche und dem Frischkäse pürieren. Bärlauch waschen, trocken schleudern und fein hacken. Bärlauch unter die Thunfischmasse mischen. Mit Zitronensaft, Zucker, Salz und Pfeffer abschmecken.

Blätterteig-Türmchen

Zutaten

Blätterteig, tiefgefroren • Parmesan, gerieben • Kräuter-Meersalz • 1 Ei

Zubereitung

Blätterteig-Platten auslegen, auf die Hälfte der Platten geriebenen Parmesan geben, dann die anderen Blätterteig-Platten auflegen, leicht andrücken, mit geschlagenem Ei bestreichen und mit Kräuter-Meersalz bestreuen. Teigstücke ausstechen und auf einem mit Backpapier belegten Backblech bei 180 °C im vorgeheizten Ofen ca. 20 Minuten goldbraun backen.

Mein Tipp:

Kräuter-Salz lässt sich schnell mit getrockneten Wild- und Würzkräutern herstellen. Dafür nach Geschmack 1 Teil Kraut mit 1 Teil Meersalz im Mörser vermahlen – fertig!

Bärlauch-Thunfisch-Dipp
Blätterteig-Türmchen

Es geht die Mär, dass gewaltige Kräfte im Bärlauch schlummern. Nach ihrem Winterschlaf reinigten Bären ihr Blut und ihren Stoffwechsel mit diesem Kraftspender.

Bärlauch-Quiche

Zutaten Teig

250 g Mehl • 1 kleines Ei • 125 g kalte Butter • Salz • ca. 80 ml Wasser

Zutaten Belag

200 g Bärlauch • 200 g Saure Sahne • 150 g Bergkäse, gerieben • 1 Ei • Salz • Pfeffer und Muskat •

Zubereitung

Mehl in eine Schüssel geben und in die Mitte eine Vertiefung drücken. Das Ei hinein schlagen und ca. 80 ml kaltes Wasser dazu geben, eine Prise Salz und die Butter in Stücken auf dem Mehl verteilen. Alles schnell zu einem glatten Teig verkneten und auf einer bemehlten Arbeitsplatte ausrollen. Den Teig in gefettete Förmchen (alternativ in eine Quicheform ø 28 cm) geben. Den Rand etwas hoch ziehen, anschließend kalt stellen. Den Bärlauch waschen, kurz blanchieren, in einem Sieb abtropfen lassen, dann grob hacken. Saure Sahne, Käse, Ei und den gehackten Bärlauch gut verrühren und mit Salz, Pfeffer und Muskat abschmecken. Die Masse in die mit Teig ausgekleideten Förmchen füllen und bei 200 °C im vorgeheizten Ofen etwa 30 Minuten backen.

Bärlauch-Quiche

Bärlauch-Öl und Bärlauch-Essig

Bärlauch-Öl schmeckt gut zu Salat, eignet sich auch gut zum Marinieren von Grillfleisch. Beides verschenke ich auch sehr gerne, dabei überreiche ich meist die Essig- und Ölflaschen zusammen mit ein paar Bärlauchblättern, -blüten und Küchenutensilien, wie z. B. Geschirrhandtüchern, in einem Spankörbchen. Mit einem handbeschrifteten Stück Holzfurnier als Etikett eine wahre Freude!

Zutaten Öl

1 l Olivenöl • 15 - 20 Blätter Bärlauch

Zubereitung

Bärlauch waschen und gut trocken schütteln. Bärlauch in grobe Streifen schneiden und in eine dunkle Flasche geben, mit Olivenöl auffüllen. 3 bis 4 Wochen ziehen lassen und darauf achten, dass der Bärlauch gut bedeckt ist. Öl durch ein Sieb abseihen und in eine saubere, schöne Flasche füllen.

Zutaten Essig

1 l Weißweinessig • 8 - 10 Blätter Bärlauch • 2 TL Honig

Zubereitung

Bärlauch waschen und gut trocken schütteln. Den Honig in etwas lauwarmem Wasser auflösen. Beides mit dem Essig in eine klare Flasche geben. Ca. 1 Woche ziehen lassen und täglich gut schütteln. Unbedingt darauf achten, dass der Bärlauch gut bedeckt ist. Durch einen Kaffeefilter abseihen und in saubere, schöne Flaschen füllen.

Bärlauch-Öl und Bärlauch-Essig

Nudeltaschen

mit Bärlauchfüllung

Dieses Rezept braucht etwas Vorbereitung, hinterlässt aber bei meinen Gästen immer einen nachhaltigen Eindruck. Denn die Bärlauch-Füllung ist eine überraschend schmackhafte Ergänzung zu dem neutralen Pasta-Teig.

Zutaten Nudelteig

300 g Weizenmehl • 1 Prise Salz • 3 Eier • 1 EL Olivenöl

Zutaten Füllung

300 g Frischkäse • Joghurt • Salz und Pfeffer • insgesamt 3/4 l Messzylinder Kräuter (gemischt oder einzeln): Bärlauch, Spitzwegerich, Giersch, Knoblauchsrauke, Zitronenmelisse, Pfefferminze • Butter, geschmolzen • Parmesan, gerieben

Zubereitung

Mehl und Salz auf die Arbeitsplatte sieben. Mulde formen und die Eier hinein geben. Zutaten mit den Händen gut mischen. Olivenöl zugeben und kneten, bis ein geschmeidiger, glänzender Teig entsteht. Auf einer bemehlten Arbeitsplatte den Teig dünn ausrollen, dafür den Teig ab und zu drehen und in die Länge ziehen, bis er fast durchsichtig ist. Quadrate von ca. 6 x 6 cm schneiden.

Für die Füllung die Kräuter waschen und trocken schleudern. Sehr fein hacken und mit dem Frischkäse und den Gewürzen vermischen. Bei Bedarf Joghurt beimischen bis eine fest-cremige Masse entstanden ist. Die Teigränder mit Wasser bestreichen. 1 TL Füllung auf die Quadrate setzen und zu einem Dreieck zusammenklappen. Die Ränder festdrücken. Die Päckchen portionsweise in kochendes Salzwasser geben und 4 bis 5 Minuten ziehen lassen. Mit zerlassener Butter und Parmesan servieren.

Mein Tipp:

Anstelle der zerlassenen Butter serviere ich die gefüllten Bärlauch-Teigtaschen auf einem „Tomatensoßenspiegel" und toppe sie mit einem Bärlauch-Blütenstand.

Nudeltaschen mit Bärlauchfüllung

Zweigbündel
mit Bärlauchblüten

Bärlauch wächst oft unter Buchen. Deshalb bilden die zarten, eben ausgetriebenen und ebenfalls essbaren Buchenblätter eine wunderschöne Grundlage zu dieser Deko-Idee. Dazu schneide ich die Buchenzweige in gleichlange, ca. 15 cm lange Stücke. Zusammen mit drei bis fünf Glasröhrchen fasse ich sie dann zu selbst stehenden Bündeln. Diese fixiere ich zuerst mit Draht und verdecke diesen anschließend unter einem schmucken Karoband, das ich zusätzlich mit einem Filzband akzentuiere. Glasröhrchen mit Wasser füllen und mit beblätterten Buchenzweigen und ein paar Bärlauch-Blüten bestecken. Fertig ist der Gruß aus dem Frühlingswald!

Material

Glasröhrchen • Wickeldraht • kariertes Schmuckband • Filzband • belaubte Buchenzweige • gerade Buchenastabschnitte

Zweigbündel mit Bärlauchblüten

1

2

3

4

Löwenzahn

Löwenzahn (Kuhblume, Pusteblume, Butterblume), Korbblütlergewächse

Taraxacum officinale, *Asteraceae*

Im Rasen ist der Löwenzahn so manchem Gartenbesitzer ein lästiges Kraut. Ich dagegen freue mich jedes Frühjahr darüber, wie er saftig grüne Wiesen mit seinen gelben Blütentupfern überzieht. Als Pusteblume ist der Löwenzahn sicherlich jedem Naturkind bekannt. Es ist einfach zu schön, den an kleinen Schirmchen hängenden Samen nachzuschauen, wie sie vom Wind davon getragen werden.

Generell

Pflanze: mehrjährige, bis 40 cm hoch werdende, rosettenartig wachsende und Milchsaft führende Staude. **Blüte:** von April bis Juni, gelber, 26 bis 60 mm Durchmesser großer Blütenstand mit Zungenblüten, endständig auf hohlem, glattem, rundem, bis 30 cm hohem Schaft. **Wurzel:** bis zu 2 m tiefe, rübenartig verdickte Pfahlwurzel. **Früchte:** zu vielen auf dem Blütenboden sitzende, ca. 2 mm lange, schmale Samen mit ca. 5 mal so großem Flugschirm, als „Pusteblume" bekannt. **Verbreitung:** im gemäßigten Klima der nördlichen Erdkugel weit verbreitet.

Verwendung und Geschmack

Der Löwenzahn ist einer der bekanntesten Bittersalate und reich an Vitamin C, Kalium, Phosphor und Magnesium. Von März bis Juni sind die zarten, leicht bitter schmeckenden, länglichen **Blätter** des Löwenzahns mit dem stark gesägten Rand eine Delikatesse. Sie bereichern Wildkräutersalate, Rohkostgerichte, Suppen, Eierspeisen oder Kräuterquark. Je jünger und zarter die Blätter, desto geringer ist ihr Bitterstoffanteil. Je größer und älter die Blätter sind, desto kleiner müssen sie geschnitten werden. Legt man sie 1 bis 2 Stunden fein geschnitten in leicht gesalzenes Wasser, reduziert sich die Bitterkeit. Die von April bis Juni erscheinenden **Blüten**, die nur bei Sonne geöffnet sind, eignen sich im knospigen, noch geschlossenen Stadium für Chutneys oder können sauer-pikant eingelegt werden, wie Kapern. Auch Sirup, Likör, Gelee und Wein lässt sich daraus herstellen. Die ausgezupften gelben **Blütenblätter** dienen als essbare Dekoration, Brotaufstrich oder Quarkbeigabe. Aus der **Wurzel** wurde früher und heute wieder nach Trocknung und Röstung ein Kaffeeähnliches Getränk zubereitet. Auch als Gemüse genossen, ist sie wohlschmeckend.

Sammelort und Erkennungsmerkmale

Der Löwenzahn wächst bevorzugt auf nährstoffreichen Ton- und Lehmböden, auf Wiesen, Äckern und Weiden, an Wegrändern oder auf Unkrautfluren. Selbst an unwirtlichen Standorten, wie brüchigem Asphalt und am verdichteten, steinig-schottrigen Straßenrand bohrt er sich mit seiner ungeheuren Kraft hindurch. Die grundständig aus einer Rosette wachsenden länglichen, schrotsägeförmigen, unbehaarten Blätter des Löwenzahns mit den nach unten gerichteten Spitzen sind ein deutliches Erkennungsmerkmal. Hinzu kommt, dass Stängel, Blatt und Wurzel einen weißlichen Milchsaft führen. Die glatten Stängel sind hohl und leicht brüchig. Verwechselt werden kann der Löwenzahn mit anderen Pflanzen aus der Familie der Korbblütler, wie zum Beispiel dem Wiesenpippau *(Crepis biennis)*. Allesamt sind sie aber nicht giftig und zum Teil auch essbar.

1. Blätter und Stängel erwachsen grundständig der Rosette, die auf einer tief gründenden, ebenfalls genießbaren Pfahlwurzel sitzt.
2. Die länglichen, leicht bitter schmeckenden Blätter haben eine markante Mittelrippe und einen schrotsägeförmigen Rand.
3. Verlockend finde ich es, die kleinen Flugschirmchen mit ihrer Samenfracht auf die Reise zu schicken.
4. Frühlingswiesen, wie ich sie liebe, dank der gelben Strahlkraft des Löwenzahns.

Löwenzahn-Bruschetta

Kleine, zarte Blütenknospen, gesalzen und mehrfach gewässert, ergeben einen köstlichen Brotbelag!

Zutaten

200 g Löwenzahnknospen • 80 - 100 g Salz • 200 g Tomaten • 1 Zwiebel • 6 EL Olivenöl • 3 EL Balsamico-Essig • Pfeffer • Baguette

Zubereitung

Löwenzahnknospen von abstehenden grünen Blättchen befreien, waschen, mit dem Salz vermischen und einen Tag stehen lassen. Am nächsten Tag das Salz mehrfach gut abspülen und große Knospen ein bis zwei Mal durchschneiden. Tomaten klein schneiden, dabei Saft und Kerne entfernen. Zwiebeln fein hacken und alles zusammen mit Essig und Öl vermengen. Mit Pfeffer abschmecken. Auf knusprigen Baguettescheiben anrichten und mit Löwenzahnblütenblättern bestreut servieren.

Löwenzahn-Bruschetta

Löwenzahnblüten-Chutney

Zu Blätterteigtaschen, aber auch zu Käse eine delikate Beigabe.

Zutaten

250 g Löwenzahnblütenknospen, blanchiert, teilweise gehackt • 1 Stange Rhabarber • 1 Birne • 100 g Rosinen • 100 g getrocknete Aprikosen • 50 g Ingwer • 1 Zwiebel • 1 rote Paprika • 150 g Zucker • Saft einer Orange • 75 ml Balsamico-Essig, weiß • 80 ml Apfelsaft mit 1 TL Stärke

Zubereitung

Früchte und Gemüse gleichmäßig in kleine Stücke schneiden. Löwenzahnblüten und alle anderen Zutaten dazugeben, gut durchmischen und ein bis zwei Tage im Kühlschrank ziehen lassen. In einem weiten Topf unter ständigem Rühren dickflüssig einkochen. Heiß in Schraubverschluss-Gläser füllen und fest verschließen. Nach zwei bis drei Wochen hat sich der Geschmack abgerundet und kann z. B. zu Blätterteigtaschen mit Frischkäse oder Ziegenkäse gereicht werden.

Löwenzahnblüten-Chutney

Löwenzahn ist schon seit jeher
als höchst kriegerisch verschrien,
denn er lässt bei gutem Winde
Fallschirmtruppen feindwärts ziehn.

Und ich sitz auf der Veranda
und verzehre meine Suppe
und entdecke in derselben
zwei Versprengte dieser Truppe.

(Heinz Erhard)

Löwenzahnblüten-Chutney

als Verschenk-Idee

Löwenzahn-Blütenknospen sind schnell gesammelt. Denn meist wachsen an einem wiesigen Standort viele. So ist es nicht viel mehr Arbeit, gleich eine größere Menge dieses köstlichen Chutneys zu kochen und es in kleine Gläschen abzufüllen.

Material

Chutney • Deckelgläser • bedruckte oder per Hand beschriftete Etiketten • Dekorationsband

Mein Tipp:

Gut verschlossen und kühl aufbewahrt, halten die Gläschen bis zu einem dreiviertel Jahr. So habe ich stets ein persönliches Mitbringsel zur Hand, wenn ich jemandem spontan eine Freude bereiten möchte.

Löwenzahnblüten-Chutney als Verschenk-Idee

Löwenzahn-Likör

Zutaten

60 g Löwenzahnblütenblätter • 200 g Zucker • 1 Vanillestange • 400 ml Obstler • 375 ml Wasser

Zubereitung

Löwenzahnblütenblätter mit dem Zucker in einer Weithalsflasche gut vermischen. Etwa eine Stunde stehen lassen. Das Mark der Vanilleschote zusammen mit dem Wasser und dem Obstler zu den Löwenzahnblüten geben. Gut durchschütteln, in den nächsten drei Wochen täglich wiederholen. Nach der Reifezeit abseihen und in schöne Flaschen füllen. Zur Dekoration kann eine Löwenzahnblüte oder eine Vanillestange mit in die Flasche gegeben werden.

Löwenzahn-Likör

Löwenzahn im Doppelglas

Eine gute Wasserversorgung der Blätter und Blüten ist notwendig, sonst werden die zarten Pflanzenteile des Löwenzahns schnell schlapp. Deshalb lege ich die grünen Blätter mit Hilfe eines Gummibandes um ein Trinkglas, das anschließend in ein geringfügig größeres Trinkglas eingestellt wird. So behalten die Blätter ihre Standfestigkeit und der Zwischenraum kann mit Wasser gefüllt werden. Das bedeutet, dass die Blätter bündig mit dem Glasboden abschließen müssen, um hineinzureichen. Das Gummiband kann zuvor noch mit einem gelben Schleifen-Dekorationsband kaschiert werden. Als Letztes wird das innere Glas mit Wasser gefüllt und eine Handvoll Löwenzahnblüten hineingestellt.

Material

zwei Größen geradwandiger Trinkbecher, z. B. Whiskey-Becher • Gummiband • gelbes Dekorationsband • Löwenzahnblätter • Löwenzahnblüten

Mein Tipp:

Alternativ Schwimmkerzen statt der Blüten nehmen.

Löwenzahn im Doppelglas

Esse die ersten drei Löwenzahnknospen, die Du findest, sie werden Dir für das ganze Jahr Gesundheit verleihen. (Volksglauben)

Löwenzahn-Blütenwiese

als Tischschmuck

Mit dieser Tischdekoration bringe ich ein Stück Frühlingswiese ins Haus. Frische Wiesengräser sind büschelweise schnell auf den Wiesen mit einer Schere geschnitten. Sie sollten möglichst parallel und dicht an dicht in wassergefüllte, transparente Glaskuben gesteckt werden. Dann werden nur noch einzelne Löwenzahnblüten dazwischen gesteckt – ganz wie auf der Wiese draußen.

Material

transparente Glaskuben • Band oder Schmuckdraht zum Bündeln • Wiesengräser • Löwenzahnblüten

Mein Tipp:

Damit die Grasbüschel beim Transport von draußen nach drinnen nicht durcheinander geraten, bündele ich jede einzelne Handvoll mit einem Band oder einer dünnen Schnur. So sind sie zuhause auch noch annähernd parallel zueinander ausgerichtet und leicht zu verarbeiten.

Löwenzahn-Blütenwiese als Tischschmuck

Löwenzahn-Kranz

für Glasschale

Einen dünnen Drahtreif bewickele ich Stück für Stück mit kurz geschnittenen Löwenzahnblüten. Den Schmuck-Wickeldraht an dem Reifen verknoten und dann gleichmäßig um den Reifen schlingen, bei jeder Umrundung ca. fünf nebeneinander platzierte Blüten unterhalb ihres Blütenkopfes mit einfassend. Dabei sollten die Blütenköpfe die Stängelenden der Vorrunde verdecken. Dann den Kranz auf einen Glasteller legen, etwas Wasser zum Frischhalten hinzufügen und die Mitte mit Schwimmkerzen und/oder einzelnen Blüten dekorieren.

Material

Drahtreif • Wickeldraht • ca. 80 Löwenzahnblüten mit ca. 5 cm Stängel • flache Glasschale • ggf. Schwimmkerzen • Wasser

Löwenzahn-Kranz für Glasschale

1

2

3

4

Brennnessel

Brennnessel (Große Brennnessel), Brennnesselgewächse
Urtica dioica, *Urticaceae*

Meist verachtet und gehasst, ist die Brennnessel mittlerweile eine meiner Lieblingspflanzen. Sie ist sehr gesund, reich an Inhaltsstoffen und lässt sich vielfältig in der Küche einsetzen. Bei meinen Spätsommer- und Herbst-Kräuterwanderungen verblüffe ich meine Freunde und Gäste immer wieder mit einem kleinen Snack aus den nussig schmeckenden Brennnesselfrüchten.

Generell

Pflanze: mehrjährig, zweihäusig, bis 1,5 m hoch werdend. **Blätter:** dunkelgrün, spitz-eiförmig bis rundlich, mit Brennhaaren besetzt und gezähntem Rand, kreuzgegenständig an oft vierkantigem, aufrechtem, meist unverzweigtem Stängel. **Blüte:** unscheinbar, grünlich, Juni bis September. **Früchte:** grün, eckig, an 3 bis 8 cm langen hängenden Rispen in den Blattachseln, August bis Oktober. **Verbreitung:** nahezu weltweit, außer südliches Afrika und Polargebiete.

Verwendung und Geschmack

Die oberen Blätter der Triebspitzen werden vor allem im Frühjahr bis Sommer oder als später Neuaustrieb geerntet – wegen der Brennhaare bevorzugt mit Handschuhen. Grundsätzlich lassen sich die **Blätter** wie Spinat zubereiten, finden auch in Gemüsegerichten, Aufläufen, Suppen, Ausgebackenem und als Füllung Verwendung. Fein gehackt dienen die Blätter zur Grünfärbung von Nudelteig oder Eierspeisen. Möchte man Brennnesseln roh im Salat verwenden, sollten sie vorher mit einem Nudelholz überrollt oder sehr fein gehackt werden. Die **Blüten** sind roh im Frühsommer eine schmackhafte Salatbeigabe. Die **Samen** haben einen nussigen Geschmack. Sowohl grüne, im Juli und August, als auch reife Samen im Spätherbst passen getrocknet oder geröstet als Trockengewürz gut zu Käse oder Pasta.

Sammelort und Erkennungsmerkmale

Die Brennnessel wächst auf humus- und stickstoffreichen Standorten und ist an Wald- und Siedlungsrändern, in Auen, an Komposthaufen sowie an Bach- und Flussläufen zu finden. Sie bildet regelrecht dichte Teppiche und lässt anderen Pflanzen kaum eine Chance. Bereits als Kind macht man mit dieser Pflanze schon seine Erfahrung. Wer kennt sie nicht, die schmerzhaft brennende Wirkung auf der Haut. Auch ihre aufrechten, vierkantigen Stängel mit den wechselständigen Blattpaaren und den stark gesägten, symmetrischen, spitz zulaufenden, länglich-eiförmigen Blättern, die sich nach oben hin verkleinern, sind eindeutige Erkennungsmerkmale. Zerreißt man den Stängel, zeigen sich lange, bastartige Fasern. Früher wurde aus ihnen ein leinwandähnlicher Stoff, das Nesseltuch, hergestellt. Ähnlich zur Brennnessel ist die Taubnessel *(Lamium)*, die jedoch keine brennenden Haare hat, zerrieben intensiv süßlich aromatisch duftet und ebenfalls genießbar ist. **Mein Tipp:** Brennnesseln am frühen Nachmittag bei trockenem Wetter sammeln, weil im Tagesverlauf der Nitratgehalt in der Pflanze abnimmt und damit bei Berührung die Brennhaare weniger Schmerzen verurachen.

1 Im späten Frühjahr bilden sich an der weiblichen Pflanze die Blütenfäden unterhalb der Blätter, die wie kleine Rispen herunterhängen.

2 Dicke, hängende Rispen bilden dann die Früchte der weiblichen Brennnessel im frühen Herbst.

3 Für das Brennnessel-Pesto ernte ich die Früchte mit einer Schere.

4 Schnell wächst die Brennnessel zu meist dichten Beständen zusammen. Die kreuzgegenständige Anordnung der sich nach oben hin verjüngenden Blattpaare ist gut zu erkennen.

Ausgebackene Brennnesselblätter

Ein Rezept, das ich liebe! Als kleine Fingerfood-Knabberei vorweg oder mit einem Klecks Frischkäse-Dipp. Mit diesen knusprig ausgebackenen Blättern der Brennnessel begeistere ich immer meine Gäste!

Zutaten

125 g Dinkelmehl • 250 ml helles Bier • 1 Ei, getrennt • 1 EL Olivenöl • 1 Bio-Zitrone (abgeriebene Schale) • 1/2 TL Salz • Palmfett • Küchenpapier • Blätter von Brennnesseln

Zubereitung

Mehl, Bier, Eigelb und Öl zu einem glatten Teig verrühren, mit Zitronenschale und Salz abschmecken. 30 Minuten quellen lassen. Eiweiß steif schlagen und unter den Teig ziehen. Blätter waschen und trocken schleudern, durch den Teig ziehen und in reichlich Palmfett von beiden Seiten goldgelb ausbacken. Fertige Blätter auf Küchenpapier legen, damit etwas Fett aufgesogen wird. Zum Servieren alle Blätter auf einer großen Platte mit Kräuterdipp (siehe Seite 84 f.) anrichten und mit Blüten garnieren.

Ausgebackene Brennnessel-Blätter

Brennnessel-Aligot

Ideal als kleine Vorspeise oder vegetarische Beilage zum Hauptgericht.

Zutaten

500 g fest kochende Kartoffeln • 200 ml Sahne • 100 g Brennnesselblätter • 25 g Butter • 100 g junger Gouda, gerieben • 100 g Mozarella, klein gewürfelt • Salz • Pfeffer • Muskat • 1 Knoblauchzehe, zerdrückt

Für die Garnitur

Flusskrebsfleisch • 4 Johanni-Nüsse (Rezept S. 122), in Scheiben geschnitten • rosa Pampelmuse in Schnitzen geschnitten

Zubereitung

Kartoffeln kochen, pellen und zerstampfen. Die Brennnesselblätter blanchieren, abgießen und pürieren – es sollten 50 g Brennnesselpüree sein. Nach und nach die Sahne und das Brennnesselpüree unter die gestampften Kartoffeln rühren, dann die Butter und den Käse hinzufügen. Die noch warme Masse kräftig und ausdauernd rühren bis der Käse Fäden zieht. Mit den Gewürzen abschmecken. Die Teller mit einer Garnitur aus Pampelmusenschnitzen und Johanni-Nüssen vorbereiten und das Brennnessel-Aligot mit Flusskrebsen garnieren.

Brennnessel-Aligot

Brennnessel-Nudeln

Braucht Vorbereitung. Übrigens: Selbstgemachte Brennnessel-Nudeln sind ein tolles Mitbringsel für liebe Freunde.

Zutaten

200 g Brennnesselblätter • 350 - 400 g Mehl • 2 Eier • Salz • 1 EL lauwarmes Wasser

Zubereitung

Brennnesselblätter in wenig Wasser ca. 10 Minuten gar kochen. Wasser abgießen, die Masse etwas abkühlen lassen und die Blätter fein hacken. Blätter mit den Eiern und dem Salz fein pürieren bis es breiig ist. Nach und nach so viel Mehl einarbeiten bis ein fester Teig entstanden ist. Den Teig in eine Frischhaltefolie einschlagen und ca. 2 Stunden im Kühlschrank ruhen lassen. Dann auf einer leicht bemehlten Arbeitsfläche dünn ausrollen. Hier ist Ausdauer und Muskelkraft gefragt! Die dünne Nudelplatte in schmale Streifen schneiden und luftig trocknen. Die Nudeln lassen sich frisch oder gut getrocknet (nach ca. 12 Stunden) verwenden.

Mein Tipp:

Für das luftige Trocknen hänge ich die Nudeln einzeln über Küchenstuhllehnen oder Besenstiele oder forme sie zu runden Nestern.

Brennnessel-Nudeln

Knabberstangen
u.a. mit Brennnesselsamen

Die Samen von Brennnessel (hellgrün), Mohn (schwarz), Sesam (weiß) und Knoblauchsrauke (dunkelgrün) aromatisieren die Blätterteig-Knabberstangen attraktiv und lecker zugleich!

Zutaten

TK-Blätterteig (ca. 450 g) • Samen von Brennnessel, Sesam, Mohn, Knoblauchsrauke • etwas Salzwasser • außerdem: Mehl, Backpapier

Zubereitung

Blätterteig antauen lassen, auf bemehlten Untergrund legen. Die Oberseite mit Salzwasser bestreichen und nach Belieben die Sämereien darauf verteilen – leicht andrücken und in ca. 1 cm breite Streifen schneiden. Die Streifen in sich 3 bis 5 mal verdrehen und auf ein Backblech mit Backpapier legen. Nach Packungsanleitung backen.

Paprikadipp
mit Brennnesselsamen-Paste

Zutaten

150 g Frischkäse • 30 ml Milch • 1 rote Paprika, fein gewürfelt • 1 TL Paprikapulver • 1 EL Tomatenmark • 2 EL Brennnesselsamen-Paste (S. 86 f)

Zubereitung

Frischkäse mit Milch verrühren, dann alle anderen Zutaten unterrühren.

Kräuterdipp

Zutaten

150 g Frischkäse • 50 g Joghurt • Salz • 0,5 l frische Kräuter gehackt, je nach Jahreszeit: z. B. Sauerampfer, Knoblauchsrauke, Giersch, Bärlauch, Spitzwegerich, Schafgarbe, Minze, usw.

Zubereitung

Frischkäse mit Joghurt verrühren. Kräuter waschen, trockenschleudern, grobe Stiele entfernen und sehr fein hacken. Unter die Frischkäsemasse ziehen und mit Salz abschmecken. Zur besseren Aromaentfaltung einen Tag vorher zubereiten.

Knabberstangen u.a. mit Brennnessel-Samen
Paprikadipp mit Brennnesselsamen-Paste
Kräuterdipp

Brennnesselsamen-Paste

für Blütenfüllung

Eines der blumigsten Rezepte ist dieses. Kapuzinerkresse-, Zucchini-, Malven- oder Nachtkerzenblüten, gefüllt mit der Brennnesselsamen-Paste, sind Augenweide und Gaumenkitzel zugleich.

Zutaten Dipp

Brennnesselsamen, Tomaten und Zwiebeln zu gleichen Volumenanteilen • Olivenöl • Balsamico-Essig • Blüten von Hibiskus, Eibisch, Malve, Kapuzinerkresse, Gurke, Kürbis, Nachtkerze, Rose …

Zubereitung

Brennnesselsamen in einem Topf anrösten, bis sie anfangen zu springen. Dann mit Olivenöl angießen und kross braten. Fein gehackte Zwiebeln zugeben und kurz mitbraten. Die klein geschnittenen Tomaten und Balsamico-Essig zugeben und so lange rühren, bis die Masse eine cremige Konsistenz bekommt. Mit Salz abschmecken. Die Paste in die Blüten füllen.

Mein Tipp:

Diese Creme ist auch sehr gut als Füllmasse für kleine Tomaten geeignet oder lecker auf Brot mit Frischkäse.

Brennnesselsamen-Paste für Blütenfüllung

Ein Kleid aus Nesseln bleibt stets Meister über alle bösen Geister.

alte Weisheit (Verfasser unbekannt) – vielleicht die Inspiration für das Märchen „Die wilden Schwäne" von Hans Christian Andersen

Röhrchen-Schmuck

Fleißarbeit! Reste von Blättern, der gesammelten Blüten oder Samen fülle ich in Glasröhrchen. Ihre Strukturen kommen so wunderbar zur Geltung. Die Röhrchen werden mit Draht aneinander gebunden und bekommen damit Standfestigkeit. Dazwischen einige Glasröhrchen mit Wasser und Sommerblumen füllen.

Material

Glasröhrchen • Zierdraht • Schmuckband • Brennnessel-Samenstände und klein geschnittene Blätter • Sommerblüten

Röhrchen-Schmuck

Brennnessel-Bündel im Glas

Wenn ich Brennnesseln für die Küche sammle, pflücke ich immer einige zusätzliche Spitzen. So kann ich diese mit schmuckem Band bündeln und als grüne Akzente auf dem Tisch platzieren. Größere Weckgläser, die die Bündel nahezu umschließen, schützen vor schmerzhaften Berührungen. In Reih und Glied und wie hier jeweils mit einer leuchtend orange farbenen Sommerblume getoppt, ist so schnell eine attraktive Tischdekoration entstanden.

Material

größere Gläser • Schmuckband • Brennnessel-Triebspitzen

Mein Tipp:

Tragen Sie bei allen Arbeiten mit Brennnesseln Gummihandschuhe. So schützen Sie sich vor der schmerzhaften Wirkung der Brennhaare.

Brennnessel-Bündel im Glas

1

2

3

4

Holunder

Schwarzer Holunder (Holler), Moschuskrautgewächse

Sambucus nigra, *Adoxaceae*

Der Holunder, in unseren Breiten häufig anzutreffen, rückt wieder verstärkt in das Bewusstsein vieler Menschen. Sie entdecken die köstlichen Seiten dieses Strauches, der uns gleich zweimal im Jahr mit seinen Annehmlichkeiten beglückt. Aber Achtung: So groß die Versuchung auch ist, die Früchte sollte man nicht roh genießen, da es sonst zu Durchfall und Übelkeit kommen kann. Gekocht sind die Beeren völlig unbedenklich und ich kann ihre Verwendung nur wärmstens empfehlen.

Generell

Pflanze: verholzender, bis zu 15 m hoch und etwa 20 Jahre alt werdender, sommergrüner Strauch oder Baum. **Blätter:** ab März gegenständig, unpaarig gefiedert mit meist neun elliptischen, gesägten, zugespitzten, ca. 12 cm langen Fiederblättchen. **Blüte:** ab Mai doldenartige Blütenstände mit bis zu hundert rundlichen, ca. 5 mm großen Einzelblüten mit weißen bis cremefarbenen Blütenblättern. **Früchte:** ab August beerenähnliche, runde, schwarze, ca. 5 mm große Steinfrüchte an doldenartigem Fruchtstand. Ihre Stielchen färben sich bei Fruchtreife rötlich. **Verbreitung:** in ganz Mitteleuropa.

Verwendung und Geschmack

Alle Pflanzenbestandteile, außer den Blüten, enthalten das schwachgiftige Sambunigrin. Beim Erhitzen wird es unwirksam und so steht der Verwendung der Beeren in der Küche nichts im Wege. Die **Blütendolden** lassen sich in Holunderpfannkuchen oder -küchlein einbacken. Aufgrund ihres aromatischen, süßlichen Geschmacks werden sie zur Herstellung von Limonade, Sirup und Holundersekt verwendet. Die schwarzen **Früchte**, auch Fliederbeeren genannt, sind reich an Vitamin C sowie Kalium. Aus ihnen lässt sich köstlicher Saft, Essig oder Wein herstellen. Der Saft selbst ist dunkelrot und stark färbend und dient daher gerne als Basis natürlicher Lebensmittelfarbe. Ganze Beeren kocht man zur Fliederbeerensuppe oder Roter Grütze. Der leicht säuerliche Geschmack der Holunderfrüchte passt gut zu Äpfeln, mit denen sie oft gemeinsam zu Marmelade oder Gelee verarbeitet werden.

Sammelort und Erkennungsmerkmale

Der Holunder ist häufig, jedoch meist vereinzelt anzutreffen. Er wächst gerne im Halbschatten auf Unkraut- und unbewirtschafteten Flächen, in Siedlungsnähe, an Waldlichtungen und Wegrändern. Gut zu erkennen ist er an seinem bogig, ausladend geneigten Wuchs und den ca. 30 cm langen unpaarigen Fiederblättern. Im Frühjahr ist er mit den tellerförmigen, weißen Blütenständen mit dem aromatischen Duft, später im Hochsommer mit den schwarzen, dem Boden zugeneigten doldenartigen Beerenständen übersät. Ohne Blüten- oder Fruchtbesatz lässt sich der Baum durch das Zerreiben der Blätter identifizieren, diese riechen aromatisch nach Blüten. Typisch für die graubraune Rinde der Zweige und Äste ist die Vielzahl heller Erhebungen. Verwechslungsgefahr besteht mit dem an ähnlichem Standort wachsenden giftigen Zwerg-Holunder *(Sambucus ebulus)*. Im Gegensatz zum Holunder ist er eine krautig wachsende, nicht verholzende Pflanze.

1 Am einfachsten ist es, sowohl die Blüten- als auch später die Fruchtstände statt mit einem Messer mit einer guten Schere zu ernten. Ich nehme dazu am liebsten eine Garten- oder Rosenschere.

2 Die im Mai erscheinenden weißen Blütendolden werden für die Herstellung von Blütensirup oder -limonaden geerntet.

3 Ab August sind die sich schwarz färbenden Beeren in ihren zum Boden geneigten Dolden weither sichtbar. Auch ihre Zweige färben sich rötlich.

4 Typischer solistischer Standort eines Holunders in der Nähe von Besiedlung im ländlichen Raum.

Ausgebackene Holunderblüten

Ein Gedicht! Das Gericht zum Frühsommer! Ich stelle am liebsten dazu meinen mobilen Einplattenherd auf die Terrasse und backe die Küchlein im Freien aus! Von der Platte direkt auf den Tisch, meine Sommergäste lieben es!

Zutaten

10 - 12 Holunderdolden • Puderzucker • frisches Obst • Rosenblütenblätter

Zutaten Teig

Palmfett • 1 Eigelb • 100 ml eiskaltes Wasser • 60 g gesiebtes Mehl • 1/2 TL Backpulver • 1 TL Stärke

Zubereitung

Holunderdolden durch den Teig ziehen, etwas abtropfen lassen, in heißes Palmfett geben und dabei etwas aufstoßen, damit sich die Blüten gut im Fett verteilen. Goldgelb ausbacken. Mit Puderzucker bestreuen und auf mit Obst und Rosenblütenblättern dekorierten Tellern servieren.

Mein Tipp:

Holunderblüten nie waschen, denn den typischen Geschmack liefern die Blütenpollen.

Ausgebackene Holunderblüten

Holunderblüten-Sirup

Der Klassiker für den Frühsommer!

Zutaten

40 - 50 Holunderblütendolden • 3 l Wasser • 3 kg Zucker • 50 g Weinsäure (aus der Apotheke) • 3 unbehandelte Zitronen

Zubereitung

Zucker in Wasser auflösen, die Weinsäure dazu geben und einmal aufkochen, etwas abkühlen lassen. Grobe Stängel der Dolden abschneiden und in ein großes Gefäß geben. Mit der noch warmen Flüssigkeit übergießen. Die Zitronen in Scheiben schneiden und auf die Blüten legen, so dass alles mit dem Zuckerwasser bedeckt ist. Das Gefäß abdecken und drei bis fünf Tage an einem kühlen Ort ziehen lassen. Dann abseihen, aufkochen und in Flaschen füllen. Nach dem Öffnen im Kühlschrank aufbewahren und bald verbrauchen.

Holunderblüten-Sirup

Holunderbeeren-Suppe

Schon lange freue ich mich auf diese Fruchtsuppe. An einem heißen Tag als Kaltschale oder als warmes Dessert gereicht – in jedem Fall eine wahre Köstlichkeit!

Zutaten Beerensuppe

2 kg Holunderbeeren • 2 l Wasser • Schale einer Zitrone • 2 Stückchen Zimtstange • 5 säuerliche Äpfel • 1 Prise Salz • 250 g Zucker • 50 g Speisestärke

Zutaten Grießklößchen

1/2 l Milch • 60 g Butter • Salz • 2 EL Zucker • 200 g Grieß • 4 Eier

Zubereitung

Holunderbeeren waschen, Früchte von den Dolden zupfen, ins kochende Wasser geben. Mit Zitronenschale und Zimt 10 Minuten kochen lassen und durch ein Sieb streichen. Den Saft mit den geschälten, entkernten und in Schnitzen geschnittenen Äpfeln, einer Prise Salz und dem Zucker aufkochen. Speisestärke mit kaltem Wasser anrühren und die Suppe damit binden. Für die Grießklößchen Milch mit Butter, Salz und Zucker aufkochen, den Grieß unter Rühren hineinrieseln lassen, dann die Eier unterrühren. Klößchen abstechen, etwa 10 Minuten in der Suppe ohne zu kochen ziehen lassen.

Holunderbeeren-Suppe

Holunderblüten-Tuffs

in Zitrushälften

Der Duft der Holunderblüten als Tischdekoration verstärkt noch das frühsommerliche Lebensgefühl.

Dazu befreie ich die für die Herstellung des Holunder-Blütensirups ausgepressten Zitronenhälften von ihrem inneren Fruchtfleisch. Mit einem Apfelausstecher ein Loch hineinbohren und durch dieses einen Tuff aus mehreren Blütendolden ziehen, so weit, dass die Blüten oberhalb des Schalenrandes luftig abschließen. Die unten herausragenden Stiele schneide ich bündig zur Zitrushälfte ab und stelle das Ganze in ein mit Wasser gefülltes Kelchglas. Zu mehreren hintereinander auf der Kaffeetafel arrangiert, entsteht so eine sommerlich-leichte und duftende Blütendekoration.

Material

Zitronenschalenhälften • Apfelausstecher • gestielte Gläser • Holunderblüten-Dolden

Mein Tipp:

Verwenden Sie unterschiedlich gestielte Kelchgläser. Als Sammelsurium sieht dieses sehr reizvoll auf der sommerlichen Kaffeetafel aus!

Holunderblüten-Tuffs in Zitrushälften

Frau Holle ist's, die in den Grimmschen Märchen Schneeflocken zur Erde fallen lässt – die weißen Blütensternchen des Holunders.

Holunderblüten-Tuffs

mit Namensfähnchen

Diese Deko-Idee dient gleichzeitig auch als Platzanweiser.

Ausgepresste und von ihrem inneren Fruchtfleisch befreite Zitrusschalenhälften von Zitronen oder auch Pampelmusen versehe ich gleichmäßig mit Hilfe eines Holzspießchens mit Löchern. Anschließend von außen nach innen kleinere, abgetrennte Teile der Blütendolden des Holunders einstecken. Deren Stielenden müssen so weit durchgezogen werden, dass sie beim Aufsetzen auf einen Untersetzer bis ins Wasser reichen, das man zum Schluss angießt. Dann beschrifte ich in schmale Streifen geschnittenes farbiges Papier mit Hilfe des Goldstifts mit den Namen der Gäste, klebe diese Streifen jeweils um einen Schaschlik-Holzspieß und stecke sie in die Blütentuffs. Fertig ist eine lustige Platzanweiser-Idee.

Material

Zitrusschalenhälften • Schaschlik-Holzspieße • Goldfaserstift • Papier • Kleber • Unterteller • Holunderblüten-Dolden

Holunderblüten-Tuffs
mit Namensfähnchen

1

2

3

4

Gundermann

Gundermann (Gewöhnliche Gundelrebe), Lippenblütengewächse

Glechoma hederacea, *Lamiaceae*

Ich liebe den Gundermann, weil er vor allem Gerichte, die aus vielerlei Kräuter bestehen, durch sein nach Minze oder mediterranen Kräutern duftendes Aroma bereichert. Allerdings sollte man nicht zu viel von ihm verwenden, da sein Geschmack sehr dominant sein kann. In freier Natur stecke ich mir manchesmal ein Gundermann-Blättchen zwischen die Lippen oder schnuppere an einem geriebenen Blatt. Das wirkt herrlich erfrischend und belebend zugleich!

Generell

Pflanze: mehrjährige, wintergrüne Staude mit anfangs bis zu 20 cm aufrechten, blütenbesetzten Sprossen, später mit blütenlosen Kriechtrieben, dichte, rasenartige Teppiche bildend. **Blätter:** rundlich bis nierenförmig, am Rand gekerbt, ca. 5 cm groß mit verhältnismäßig langem Blattstiel kreuzgegenständig an quadratischem Stängel. Im kriechenden Stadium Wurzeln an den Knoten der niederliegenden Sprosse bildend. **Blüte:** in typischer Lippenblütlerform mit Ober- und Unterlippe, blau bis rotviolett, von März bis Juni in Scheinquirlen in den Blattachseln. **Früchte:** im Juli bis August unscheinbar, ca. 1 mm groß. **Verbreitung:** in ganz Europa.

Verwendung und Geschmack

Die **Blätter** und **Triebspitzen** mit ihrem würzigen, herbaromatischen Geschmack, der an Minze oder Salbei erinnert, können von März bis Juni verwendet werden. Roh aromatisiert der Gundermann Kräuterbutter, Kräuterdipps, Brotaufstriche, Salatdressings oder Sahne für süße Nachspeisen. Würzöl, Likör oder Kräuterwein verleiht er eine frisch-würzige Note und bereichert Suppe, Quiche oder Eierspeisen. Die **Kriechtriebe** liefern ab dem Sommer bis weit ins Jahr das besondere Aroma für warme Speisen. Die im April bis Juni erscheinenden blauen **Blüten** haben einen leicht süßlichen Geschmack. Sie lassen sich hervorragend und vielseitig als essbare Dekoration bei Salat, Gemüse oder Kaltspeisen einsetzen.

Sammelort und Erkennungsmerkmale

Der Gundermann wächst vorzugsweise auf nährstoffreichen Wiesen, in feuchten Auen und Weiden sowie an Feldrändern und Hecken. Im Frühjahr sind seine gestauchten, noch aufrecht wachsenden Triebe mit den blauen Lippenblüten in den Blattachseln recht gut zu erkennen. Im voranschreitenden Sommer, wenn sich der Gundermann mit seinen kriechenden Sprossen Terrain erobert, sind die rundlichen Blättchen mit dem gewellten Saum das eindeutige Erkennungszeichen. Verwechselt werden könnte der Gundermann allenfalls mit dem Kriechenden Günsel *(Ajuga reptans)*, der ebenfalls essbar ist, aber einen recht bitteren Geschmack aufweist.

1 Der Gundermann ist vor allem an Wiesen- und Waldrändern mit der entsprechenden Gräser- und Krautvegetation vergesellschaftet.

2 Die hellblauen bis violetten Lippenblüten des Gundermanns sitzen in den sich kreuzweise gegenüber stehenden Achseln der Blätter.

3 Der Gundermann bildet erst an kurzen aufrechten Trieben, später an rankenden Kriechsprossen rundliche bis nierenförmige Blätter mit gewelltem Blattrand.

4 Meinen Blumenkasten hat der dichte Blätterrasen bildende Gundermann im zweiten Jahr restlos in Besitz genommen.

Gurkensalat
mit Gundermannblüten

An warmen Sommertagen als Amuse-Gueule der Hit! Wer keine Porzellanlöffel besitzt, um diesen erfrischenden und wohlschmeckenden Salat anzubieten, kann aus den Halmen des Japanischen Knöterichs *(Fallopia japonica)* Naturlöffel schneiden. Sie sehen auf den Schieferplatten besonders schön aus! Aber Vorsicht: Eine gute Säge und ein scharfes Messer muss man schon zur Hand haben!

Zutaten

2 kleine Gartengurken, klein gewürfelt • 1 ½ Äpfel, klein gewürfelt • 1 kleine Zwiebel, fein geschnitten • 5 g Gundermannblätter, fein gehackt • 1 Handvoll junger Giersch, fein geschnitten • 3 EL Joghurt • 2 TL Honig • 1 TL Zitronensaft • Salz

Zubereitung

Joghurt, Honig, Salz und Zitronensaft zu einem Dressing verrühren. Die Kräuter einrühren und dann mit Gurke, Apfel und Zwiebeln gut vermischen. Mit Gundermannblüten dekoriert servieren.

Gurkensalat mit Gundermannblüten

Lachs

in Gundermann-Honig-Beize

Braucht ein paar Tage Einwirkzeit. Hat auf dem sommerlichen Buffet seinen großen Auftritt!

Zutaten

600 g Lachsfilet • 20 g Gundermann, blanchiert • 20 g Gundermann, frisch • 40 g Honig • 1 gehäufter EL Meersalz

Zubereitung

Den Gundermann in Honig fein pürieren. Das Lachsfilet in eine flache Schale legen und das Gundermann-Püree gleichmäßig darauf verteilen. Mit dem Salz bestreuen. Mit Frischhaltefolie abdecken und drei bis vier Tage im Kühlschrank marinieren. Zwischendurch mit dem entstandenen Saft begießen. Das Lachsfilet aus der Marinade nehmen, das Gundermann-Püree vorsichtig abschaben, auf einen Rost legen und 12 Stunden an einem luftigen Ort trocknen. Zum Abschluss nochmal einen Tag in den Kühlschrank stellen, damit das Lachsfilet schnittfest wird. Fein geschnittenes Lachsfilet mit Gemüseküchlein servieren.

Gemüseküchlein

Zutaten

3 große Kartoffeln, fein geraspelt • 2 große Möhren, fein geraspelt • 1 Zucchini, grob geraspelt • 3 Eier • 2 EL Quark • 2 EL Haferflocken • Salz • Pfeffer • Bratöl

Zubereitung

Eier, Quark und Haferflocken gut verrühren. Das geraspelte Gemüse untermischen und mit Salz und Pfeffer abschmecken. Das Bratöl in einer Pfanne erhitzen und die kleinen Gemüseküchlein von beiden Seiten goldgelb backen.

Lachs in Gundermann-Honig-Beize
Gemüseküchlein

In der Neunkräutersuppe zu Gründonnerstag darf die Gundelrebe nicht fehlen: „Dreimal drei Zauberpflanzen vertreiben den Winter aus dem Körper und bringen Gesundheit und Kraft für das neue Jahr.“ (Volksweisheit)

Fünf-Kräuter-Trunk

mit Gundermann

Gesund ist dieser Trunk in jedem Fall – und erfrischend auch. Dieser nichtalkoholische Begrüßungs-Cocktail ist schnell gemacht, wenn man vorher die Kräuter bereits gesammelt hat.

Zutaten (für 2 Personen)

Saft von zwei Orangen • Saft einer Zitrone • 1 Apfel, in Stücke geschnitten • 1 Kiwi, geschält in Stücke geschnitten und pro Glas ein Scheibchen beiseite legen • Honig • zwei Handvoll Kräuter: Gundermann, Sauerampfer, Löwenzahn, Minze, Zitronenmelisse

Zubereitung

Kräuter waschen, trocken schleudern und klein schneiden. Dann alle Zutaten im Mixer fein pürieren, mit Honig abschmecken. Leicht gekühlt in Gläsern mit frischen Blättchen und einem Kiwischeibchen dekoriert servieren.

Fünf-Kräuter-Trunk mit Gundermann

Schokolierte Gundermannblätter

So präsentiert sich der Gundermann von seiner süßesten Seite.

Zutaten

40 große Gundermannblätter mit Stiel • 100 g Zartbitter-Kuvertüre

Zubereitung

Gundermannblätter waschen und sehr gut trocken tupfen. Die Kuvertüre im Wasserbad schmelzen. Die Gundermannblätter auf eine Alufolie legen. Am Stiel anfassen und mit einem Backpinsel die Blätter beidseitig mit Kuvertüre bestreichen. Ins Eisfach stellen, bis die Kuvertüre hart geworden ist. Dann beliebig als Dekoration für Süßspeisen verwenden oder direkt naschen.

Mein Tipp:

Ich schokoliere immer ein paar Blätter mehr und bewahre sie bis zu drei Wochen im Kühlschrank auf. So ist die leckere, aufmerksamkeitsstarke Dekorationsidee für süße Speisen, wie Fruchtschalen, Eiscremes, Puddings oder Torten, schnell einsetzbar.

Schokolierte Gundermannblätter

Umkränzte Blütenvase

Dieser Vasenschmuck sieht natürlich und sommerlich leicht aus. Sie sollten hierfür aber vor allem weitrandige, nicht zu hohe Trinkgläser verwenden! Die langen Ranken des Gundermanns bieten sich geradezu an, um sie kranzförmig gewickelt um ein Bündchen Sommerblüten zu legen. Dazu winde ich aus zwei, drei langen Ranken ein Kränzchen in der Größe der Glasvase und lege dieses in das Glas hinein. Mittig findet darin ein Bund aus blauen Blüten Halt. Ich schneide die Blüten recht kurz und umwickele sie zusätzlich mit einem blauen Band, so stehen sie viel besser innerhalb des wuseligen Gundermann-Kränzchens. Dann stecke ich eine zweite lange Ranke mit ihrem Anfang ebenfalls ins wassergefüllte Glas und schlinge sie zweimal außen um das Gras herum. Das Rankenende führe ich zurück ins Glas und fixiere es mit einem dünnen Draht an dem innen liegenden Gundermann-Kranz – fertig!

Material

niedrige, breitrandige Trinkgläser • blaues Dekorationsband • blaue Sommerblüten wie Lavendel, Salbei, Storchenschnabel oder Minzeblüten • dünner Silberdraht

Umkränzte Blütenvase

Trägt man Gundermannkränze zu Walpurgis, so erkennt man jede Hexe im Dorf. (alte Volksweisheit)

Tischkarten

mit Gundermann-Applikation

Für die namentlich beschrifteten Serviettenkärtchen klebe ich gepressten und getrockneten Gundermann auf kleine Kärtchen mit dem Namen der Gäste. Wer möchte, kaschiert die Oberfläche mit durchsichtiger Klebefolie. Dann die Kärtchen mit einer Lochzange lochen und mit einem schmalen Dekorationsbändchen an der breiten Manschette fixieren, die die Serviette umgibt. Eine Alternative sind Namens-Kärtchen, die ich mit einem Bändchen an den gerollten Servietten fixiere und diese gleichzeitig noch mit einer langen Gundermann-Ranke umschlinge.

Material

Kärtchen aus verschieden farbigem Karton • Stift zum Beschriften • gepresster Gundermann • blaues Dekorationsband • Kaschierfolie • Lochzange

Tischkarten mit Gundermann-Applikation

Gundermann-Kränzchen

für die Kaffeetafel

Aus dünnen, biegsamen Zweigen, wie z. B. Birkenzweigen oder unbeblätterten Hopfenranken, winde ich mit Hilfe von dünnem Silberdraht einen schmalen Kranz mit ca. 20 cm Durchmesser. Dieses Rankenkränzchen umwinde ich mehrfach mit Gundermann-Ranken und fixiere diese ebenfalls mit Silberdraht. Mit blau kariertem Band umschlingen und alles auf einen flachen Glasteller legen, der mit Wasser gefüllt ist. Dieses hält die Ranken des sommerlich-leichten Tischkranz-Schmuckes für mehrere Tage frisch. Wer mag, kann ein paar blaue Glassteine hinzufügen.

Material

unbeblätterte, biegsame Ranken • lange Gundermann-Triebe • dünner Silberdraht • blau kariertes Dekorationsband • Glasteller • eventuell Glassteine

Gundermann-Kränzchen für die Kaffeetafel

1

2

3

4

Walnuss

Echte Walnuss (Welschnuss, Baumnuss), Walnussgewächse

Juglans regia, *Juglandaceae*

Woran denken Sie, wenn es um die Walnuss geht? Bestimmt an die reifen Nüsse, die ab dem Herbst geerntet und zur Weihnachtszeit geknackt und gegessen werden. Aber was ist mit den jungen, grünen Nüsse? Ich warte jedes Jahr sehnsüchtig auf die Zeit vor dem 24. Juni (Johannistag), dann können sie geerntet werden, deshalb werden sie auch Johanni-Nüsse genannt. In der grünen Schale sind die späteren Nüsse fertig ausgebildet, aber noch nicht verholzt, so dass die ganze Nuss gut zu verarbeiten ist. Nun verwandelt sich meine Küche in einen Ort mit vielen Gläsern und Töpfen, wo über zwei Wochen die schmackhaftesten Köstlichkeiten entstehen. Außerdem verströmen die Blätter und Früchte einen herrlich frischen, zitrusähnlichen Duft, der nebenbei auch Insekten vertreibt.

Generell

Pflanze: bis zu 25 m hoch und 160 Jahre alt werdender Laubbaum mit großen gefiederten Blättern. **Blüte:** männliche Blüte zu mehreren als Kätzchen, weibliche zu wenigen in Blütenständen, im April bis Juni. **Früchte:** grün, glattschalig mit stark gefurchter Nuss als Samen im September. **Verbreitung:** südliches und mittleres Europa, in Bergen bis 2.000 m Höhe.

Verwendung und Geschmack

Die grünen Bestandteile der Walnuss sind gerbstoffhaltig und haben einen leicht bitteren bis pfeffrig-scharfen Geschmack. Der **Samen**, der im reifen, getrockneten Zustand als Walnuss bezeichnet wird, ist roh genossen eine köstliche Knabberei. Gemahlen und geröstet bereichert er Backwerk, Desserts, Soßen uvm., gepresst liefert der Nusssamen ein hochwertiges Speiseöl für Salate. Die jungen, unreifen **Früchte**, Ende Juni geerntet, eignen sich für Tapenade, Chutney oder für Eingelegtes. Und sie liefern den Grundstoff zur Herstellung von Bitterlikören oder aromatisierten Weinen.

Sammelort und Erkennungsmerkmale

Der markante, sommergrüne Walnussbaum wächst vor allem in wintermilden, feuchtwarmen Regionen, bevorzugt in Auen- und Hangwäldern. Beliebt ist er im landwirtschaftlichen Bereich als Gartenbaum oder als einzeln stehender Baum in Feld und Flur. Er ist durch seine unpaarig gefiederten, bis 30 cm großen, saftig grünen Blätter mit sieben bis neun elliptisch geformten Fliederblättchen gut zu erkennen. Beim Zerreiben verströmen die Blätter einen aromatischen Duft. Spätestens ab Juni lassen sich die oft zu zweit oder dritt an den Zweigen sitzenden rundlichen, 3 bis 5 cm im Durchmesser messenden grünen, glattschaligen Früchte ausmachen. Sie springen ab Ende August auf und geben ihre braunen Samen, die rundlich bis oval walzenförmigen Walnüsse mit der typischen gefurchten, bis 2,5 mm dicken Schale, frei.

1 Zeitgleich mit den Blattknospen entwickeln sich die Blütenknospen. Der Walnussbaum ist einhäusig, aber getrennt geschlechtlich, das heißt, dass sowohl weibliche als auch männliche Blüten auf demselben Baum sitzen.

2 Die heranreifenden, grünschaligen Früchte sitzen oft paarweise zwischen den unpaarig gefiederten Blättern.

3 Ist der Samen reift, platzt die Fruchtschale auf und gibt die braune, gefurchte Walnuss frei.

4 Typisch für den Walnussbaum ist, dass er meist als Solist auf Wiesen oder an Feldrändern zu finden ist.

Süße Johanni-Nüsse

Grün eingelegt, wechseln die Früchte der Walnuss bald ihre Farbe zu fast schwarz und nehmen die Aromen der Gewürze in der Zuckerlösung an. Zu Süßspeisen einfach köstlich!

Zutaten

500 g grüne Walnüsse

Zutaten Sud

500 g Zucker • 250 ml Wasser • ½ Zimtstange • 3 Nelken • 10 Pimentkörner • 1/2 Zitrone, unbehandelt, kleingeschnitten

Zubereitung

Walnüsse vor dem 24. Juni sammeln. Mit einer Stopfnadel mehrmals einstechen, in ein hohes Glas füllen und eine Woche lang mit täglichem Wasserwechsel wässern. In frischem Wasser die Nüsse in ca. 30 Minuten weichkochen. Zurück ins Glas geben. Aus den übrigen Zutaten einen Sud kochen und heiß über die Walnüsse gießen. Drei Tage ziehen lassen. Den Sud in einen Topf gießen, erneut aufkochen und wieder über die Walnüsse geben. Nochmal drei Tage stehen lassen. Dann die Nüsse im Sud aufkochen, in Gläser füllen und mit dem Sud übergießen, so dass die Nüsse bedeckt sind. Gläser sofort fest verschließen. Vor dem ersten Öffnen sechs Monate durchziehen lassen.

Süße Johanni-Nüsse

Panna Cotta

mit süßen Johanni-Nüssen

Eingelegt und zu Scheiben aufgeschnitten, sind die süßen Johanni-Nüsse eine Attraktion zu Süßspeisen. Ich bereite im Juni immer so viele Gläser mit eingelegten Früchten vor, dass ich ein ganzes Jahr damit auskomme.

Zutaten

500 g Sahne • 50 g Zucker • 1 Vanillestange • 3 Blatt Gelatine, weiß • süße Johanni-Nüsse • frisches Obst

Zubereitung

Die Gelatine in kaltem Wasser einweichen. Die Sahne mit Zucker, dem Vanillemark und der Vanillestange langsam erhitzen und ca. 10 Minuten köcheln lassen. Vom Herd nehmen, die Vanillestange herausnehmen und etwas abkühlen lassen. Die Gelatine ausdrücken, in die Sahne geben und unter Rühren auflösen. Kleine Förmchen kalt ausspülen und die Sahnemasse gleichmäßig aufteilen. Für wenigstens drei Stunden kalt stellen. Teller mit in Scheiben geschnittenen Johanni-Nüssen belegen, die Panna Cotta in die Mitte der Teller stürzen und mit dem Sud der Johanni-Nüsse übergießen. Mit etwas Obst garniert servieren.

Mein Tipp:

Beim Arbeiten mit Walnüssen unbedingt Handschuhe tragen, da sie stark und langanhaltend die Haut färben.

Panna Cotta mit süßen Johanni-Nüssen

Walnuss-Tapenade

Mit etwas Zeit und Aufwand bereite ich aus Johanni-Nüssen eine stets verfügbare Leckerei zu, die ideal als Fingerfood-Häppchen oder zu Käse passt. Mit einem schönen Etikett versehen, verschenke ich Tapenaden auch gerne, da sie lange haltbar sind.

Zutaten Salzlake

1 l Wasser • 250 g Meersalz

Zutaten Tapenade

1 kg grüne Walnüsse • 200 ml Olivenöl • 100 ml Rotweinessig • 50 g Tomatenmark • 400 g Tomaten, gehäutet, entkernt, klein gewürfelt • 1 Zwiebel, fein gewürfelt • 1 TL Pfefferkörner, gestoßen

Zubereitung

Walnüsse vor dem 24. Juni sammeln. Mit einer Stopfnadel mehrmals einstechen, in ein hohes Glas füllen und eine Woche lang mit täglichem Wasserwechsel wässern. Wasser abgießen. Aus Wasser und Salz eine Salzlake kochen, über die Nüsse geben und eine Woche stehen lassen. Salzwasser abgießen, mit frischem Wasser eine Woche wässern, abgießen. Die Nüsse ausgelegt einen Tag trocknen lassen. Walnüsse sehr fein hacken, in Olivenöl mit den Tomaten und der Zwiebel andünsten. Dann Rotweinessig, Tomatenmark und Pfeffer dazugeben und bei kleiner Hitze musartig einkochen. Die Tapenade in Gläser füllen und fest verschließen. Vor dem ersten Öffnen drei Monate durchziehen lassen.

Mein Tipp:

Da die rohen und eingelegten Johanni-Nüsse immer stark färben, sollten Sie beim Zerschneiden unbedingt Handschuhe tragen!

Walnuss-Tapenade

Die Germanen weihten den Walnussbaum als Fruchtbarkeitssymbol der Liebesgöttin Freya.

Fingerfood

mit Walnuss-Tapenade

Wenn sich spontan Gäste ansagen, sind diese Fingerfood-Häppchen zum Begrüßungsaperitif schnell zubereitet. Vorausgesetzt, Sie haben rechtzeitig diese köstliche Tapenade eingemacht.

Zutaten

4 mittelgroße Champignons • 4 Cherry-Tomaten • 2 Scheiben Vollkorn-Toast • Parmesan • Thunfisch im eigenen Saft • Walnuss-Tapenade

Zubereitung

Champignons abbürsten, Stiele entfernen, auf der Hutseite kurz in Butter anbraten und mit der Tapenade füllen. Tomaten waschen, einen Deckel abschneiden, aushöhlen und mit der Tapenade füllen. Die Toastscheiben toasten, vierteln, mit geraspeltem Parmesan oder Thunfisch belegen und mit etwas Tapenade toppen. Auf einer flachen Platte servieren.

Fingerfood mit Walnuss-Tapenade

Walnuss-Likör

Zutaten

10 grüne Walnüsse • 150 g Zucker • 2 Nelken • 1 Zimtstange • 1/2 Zitrone, in Scheiben geschnitten • 375 ml Obstler

Zubereitung

Die Nüsse waschen, in Scheiben schneiden und in ein großes Gefäß füllen. Erst die festen Zutaten dazugeben, dann alles mit dem Obstler übergießen. Gefäß verschließen. Wöchentlich einmal kräftig schütteln, 60 Tage stehen lassen. Die Flüssigkeit färbt sich langsam tiefdunkelgelb. Abseihen und in schöne Flaschen füllen.

Mein Tipp:

Je länger der fertige Likör steht, umso vollmundiger wird der Geschmack.

Walnuss-Wein

Zutaten

3 grüne Walnüsse, 2 Tage gewässert • 100 g Zucker • 2 Nelken • 1/2 Vanillestange • 1 Sternanis • 400 ml Rotwein (z. B. Merlot) • 100 ml Obstler • 100 ml Wasser

Zubereitung

Die Walnüsse halbieren oder vierteln und mit allen anderen Zutaten in ein großes Gefäß geben. Verschließen, gut durchschütteln und 40 Tage durchziehen lassen. Durch ein Passiertuch seihen und in schöne Flaschen füllen.

Mein Tipp:

Wer kein Passiertuch zur Hand hat, kann den Wein auch durch einen Kaffeefilter abseihen.

Walnuss-Likör, Walnuss-Wein

Servietten
mit Walnuss gefärbt

Die seit alters her genutzte Färbewirkung der äußeren Fruchtschalen wende ich beim Färben von Wolle oder Textilien an. Ich liebe vor allem die unterschiedlichen Brauntöne, die dabei entstehen, je nach Art des Färbevorgangs.
Für den Färbesud koche ich pro Liter Wasser ca. 5 unreife Walnuss-Früchte auf (später im Jahr nur die äußere Fruchtschale), die ich vorher etwas zerkleinere, und lasse sie ungefähr eine Stunde köcheln. Je nachdem, ob ich das Färbegut bereits in den heißen oder erst in den erkalteten Sud gebe, ob das Färbegut nass oder trocken eingelegt wird, und je nach Vorbehandlung, entstehen intensivere oder weniger intensivere Farben. Vor allem die Art der Appretur oder bei Schafwolle der Anteil der natürlichen Fette ist dafür verantwortlich, wie gut das zu färbende Material die Farbe annimmt. Servietten aus Baumwolle sollten in jedem Fall vorher ohne Waschmittel möglichst bei 90 Grad gewaschen werden. Auch Rohwolle sollte durch heißes Waschen vom natürlichen Fett befreit werden. Am besten testet man dann die Färbewirkung anhand kleinerer Proben, bevor man mit den endgültigen Materialien arbeitet.

Servietten lassen sich in unterschiedlicher Batiktechnik mit Musterungen versehen. Für das Streifenmuster habe ich die Servietten von einer Seite her im Zick-Zack-Stil gefaltet und dann diesen schmalen Streifen mehrfach abgebunden. Für das Muster mit den konzentrischen Kreisen habe ich die Serviette in der Mitte gefasst und von dort aus in ca. 2 cm-Abständen fest mit dem Baumwollgarn abgewickelt. Dann die Servietten ca. 30 Minuten in den noch heißen Sud legen. Für ein gleichmäßiges Färbeergebnis muss das Ganze immer wieder umgerührt und bewegt werden. Danach in klarem Wasser die überschüssige Farbe ausspülen. Trocknen lassen und bügeln.
Sie werden sehen, dass es viel Spaß macht, die verschiedenen Intensitätsstufen der Farbgebung auszuprobieren, sie bewegen sich von zartem Beige bis zum intensiven Dunkelbraun.

Material
Weiße Stoffservietten oder Naturwolle • Baumwolle zum Abbinden • Walnuss-Fruchtschalen zum Färben • Wasser • Handschuhe

Servietten mit Walnuss gefärbt

1

2

3

4

Spitzwegerich

Spitzwegerich, Wegerichgewächse

***Plantago lanceolata**, Plantaginaceae*

Der deutsche Name Wegerich deutet bereits auf seinen bevorzugten Standort an Wegen hin. Der Wegerich ist widerstandsfähig, denn selbst auf befahrenen oder begangenen Wegen fühlt er sich wohl. Er erregte bereits zu Kinderzeiten meine Aufmerksamkeit als Wahrsagepflanze. Zerreißt man gemeinsam ein Blatt, hat jener Recht, bei dessen Blattseite die faserigen Blattnerven weniger weit hinausragen. Mein Tipp: Bei verschiedenen Fußbeschwerden auf Wanderungen ist der Breitwegerich mein Sofort-Heilmittel. Ich lege ein paar Blätter direkt auf die betroffenen Hautstellen, ziehe wieder Socken und Wanderschuhe an und freue mich über die kühlende und schmerzlindernde Wirkung. Oder bei Insektenstichen und -bissen zerreibe ich vier bis fünf Spitzwegerich-Blätter in den Händen bis sie deutlich Feuchtigkeit abgeben, diesen Saft tupfe ich auf den Stich. Bei mir hilft es wunderbar.

Generell

Pflanze: ausdauernde, grundständig rosettenbildende, mehrjährige Staude, ca. 20 cm breit und mittels ihrer blattlosen Blütentriebe ca. 30 cm hoch werdend. **Blätter:** kurz gestielt, schmal, länglich mit deutlich parallel laufenden Nerven. **Blüte:** grün-bräunliche, kolbenartige Ähre mit weißen, ca. 2 mm langen Blüten, Mai bis August. **Früchte:** 2 mm große, eiförmige Samen, Juli bis Oktober.

Verwendung und Geschmack

Von den Blättern über die Knospen bis zu den Samen ist diese Pflanze in der Küche verwendbar. Ihr Geschmack erinnert an frische Pilze. Die jungen zarten **Blätter** können von April bis Juni geerntet werden, vorzugsweise sammelt man sie aus der Rosettenmitte heraus. Sie sind sehr gesund, da Vitamin-C-haltig und sollten möglichst roh verarbeitet werden, z. B. in Kräuterquark und -butter. Für die Verwendung zu Gemüsen und Salaten sollte man sie quer zur Faser zerschneiden. Gekocht wie Spinat geben sie Rührei oder Omletts einen intensiven Geschmack. Ausgebacken in Öl mit Knoblauch sind sie eine Delikatesse und lassen sich so als Dekoration bei anderen Gerichten verwenden. Die **Blütenknospen** sind roh verzerrt eine nach Champignon schmeckende Köstlichkeit auf jeder Wanderung. Salaten geben sie eine pilzige Note, ebenso Soufflés oder Aufläufen. Der **Samen**, ebenfalls mit nussig-pilzigem Aroma und von Juli bis Oktober zu ernten, bereichert Gemüsegerichte oder Bratlinge und liefert bei Pressung ein schmackhaftes Öl.

Sammelort und Erkennungsmerkmale

Die mehrjährige Staude wächst ab Mai bis September auf lehmhaltigen Böden innerhalb oder am Rande von Wiesen. Auch ist sie an Weg- und Straßenrändern weit verbreitet. Sie ist gut an ihren länglichen Blättern mit den parallel laufenden Blattnerven zu erkennen. Sie bildet dichte, bodennahe Rosetten, über die sich die Blütenstände mit glattem, langem Stängel bis zu 30 cm hoch erheben. Ähnlichkeit hat der Spitz-Wegerich mit seinem direkten Verwandten, dem Breit-Wegerich (*Plantago major*) mit eher rundlichen, breiteren Blättern, er ist gleichermaßen genießbar, aber etwas zäher.

1 Typischer Wuchs des Wegerichs. Die Blütentriebe erheben sich ca. 30 cm über den Blättern, die je nach Standort aufrecht stehen oder bodennahe Rosetten bilden.

2 Blütenähren im knospigen, blühenden und reifen Zustand.

3 Ich liebe diese Pflanze, die über einen langen Zeitraum gesammelt werden kann.

4 Der Wegerich ist an Wiesen- und Wegrändern zu finden in Vergesellschaftung mit Gräsern.

Gegen jede Krankheit ist ein Kraut gewachsen. Der Wegerich gegen Wunden, Narben jeglicher Art. (nach Pfarrer Kneipp)

Spitzwegerich-Wildkräuter-Tomatensuppe

Die Spitzwegerichkölbchen geben dieser Suppe einen nussigen Unterton. Einige Blätter, in Öl ausgebacken, sowie rohe Knospen füge ich als Dekoration gerne hinzu.

Zutaten

500 ml passierte Tomaten • 200 g Sahne • 1/4 l Weißwein • 1 Zwiebel, fein gehackt • 4 EL Olivenöl • Salz • Crème fraîche • 1 l gemischte Kräuter: z. B. Spitzwegerichblätter und -kölbchen, Giersch, Gundermann, Knoblauchsrauke

Zubereitung

Zwiebeln in Olivenöl glasig dünsten. Passierte Tomaten, Wein und Sahne zugeben, vorsichtig erhitzen, aber nicht kochen. Kräuter waschen, trocken schleudern, fein hacken und in die heiße Suppe geben, ca. 10 Minuten ziehen lassen. Die Suppe leicht anpürieren. Mit Salz und Honig abschmecken, mit Crème fraîche, Blättern und Kölbchen garniert servieren.

Spitzwegerich-Wildkräuter-Tomatensuppe

Spitzwegerichkölbchen-Pilz-Soufflé

Diesem Gericht verleihen die nach frischen Pilzen schmeckenden Spitzwegerichkölbchen ihr unglaubliches Aroma. Da ist der echte Pilz eigentlich nur noch Statist!

Zutaten

150 g Champignons • 40 Spitzwegerichkölbchen • 60 g Butter • 40 g Mehl • 200 ml Milch • 50 ml Sahne • 3 Eigelb • 4 Eiweiß • 80 g Emmentaler, gerieben • weißer Pfeffer • Salz • Muskatnuss

Zubereitung

Champignons putzen, 5 Minuten blanchieren, abtropfen lassen und mit den Spitzwegerichkölbchen pürieren. Für die Béchamel-Soße 50 g Butter erhitzen, darin das Mehl anschwitzen und unter ständigem Rühren Milch und Sahne dazu geben. Vom Herd nehmen und das Pilzpüree unterrühren. Unter die abgekühlte Masse das Eigelb und den Käse mischen und mit Pfeffer, Salz und Muskat abschmecken. Das Eiweiß mit einer Prise Salz halbsteif schlagen und vorsichtig unter die Masse heben. Auflauf-Förmchen ausbuttern und die Soufflé-Masse einfüllen. Bei 180° C ca. 30 Minuten im Backofen garen. Heiß servieren.

Spitzwegerichkölbchen-Pilz-Soufflé

Erdkammer-Sirup

für Spitzwegerich-Sekt

Hiermit verblüffe ich meine Gäste. Der Sirup ruht 8 bis 10 Wochen bei gleichbleibender Temperatur in den Tiefen meines Gartens, dann ist seine Reifezeit erreicht und kann ausgegraben werden. Jetzt ist sein großer Auftritt: aufgegossen mit Sekt – eine wahre Köstlichkeit!

Zutaten (für 500 ml Gefäß)

500 g Honig • zwei gute Handvoll junge Blätter vom Spitzwegerich

Zubereitung

Spitzwegerich waschen, trocken schleudern und quer zu den Blattnerven klein schneiden. Spitzwegerich und Honig im Wechsel in das Gefäß schichten. Mit Spitzwegerich beginnen, mit Honig enden und darauf achten, dass die oberste Schicht vom Spitzwegerich mit Honig bedeckt ist. Das Gefäß verschließen, zum Schutz in eine Plastiktüte geben und wenigstens 50 cm tief eingraben. 8 bis 10 Wochen ruhen lassen. Ausgraben, durch ein Sieb geben und in dunkle Flaschen abfüllen.

Erdkammer-Sirup für Spitzwegerich-Sekt

Geschichtete Crème
mit Spitzwegerich

Zutaten
1/2 Packung Vanillepudding • 1/2 Packung Schokoladenpudding • 500 ml Milch • 10 Blätter Gundermann • Zucker • 500 g Aprikosen • Erdkammer-Spitzwegerich-Sirup

Zubereitung
Aprikosen mit kochenden Wasser überbrühen, enthäuten, entsteinen und pürieren. In 250 ml heißer Milch die Gundermannblätter 10 Minuten ziehen lassen, abseihen und mit dieser Milch den Schokoladenpudding nach Packungsanleitung kochen und als unterste Schicht in hohe Gläser füllen. Etwas abkühlen lassen, dann das Aprikosenpüree einfüllen. Den Vanillepudding kochen und als letzte Schicht in die Gläser füllen. Kurz vor dem Servieren den Sirup (Rezept auf Seite 140) aufgießen. Mit kandierten Spitzwegerichblättern und -knospenständen dekorieren.

Kandierte Spitzwegerichblätter und -knospenstände

Zutaten
150 g Zucker • 50 ml Wasser • Spitzwegerichblätter und -knospen • 2 EL Puderzucker

Zubereitung
Den Zucker in das Wasser geben und unter Rühren langsam erhitzen bis sich der Zucker vollständig aufgelöst hat. Blätter und Knospen auf Backpapier legen und mit der heißen Zuckerlösung beidseitig bestreichen. Trocknen lassen. Vorgang wiederholen und zum Abschluss mit gesiebten Puderzucker gleichmäßig überstreuen.

Geschichtete Crème mit Spitzwegerich und Kandierten Spitzwegerichblättern und -knospenständen

Beklebte Blättermanschette

mit Blütenfüllung

Ich sammele immer gleich ein paar Spitzwegerichblätter mehr als ich für meine Gerichte benötige und verwende sie für diesen Tischschmuck.

Die mit doppelseitigem Klebeband beklebten Gläser werden außen parallel dicht an dicht mit den länglichen Blättern belegt und mit einem dicken Strauß kurz geschnittener sowie Blüte an Blüte gelegter Blumen gefüllt. Zum Schluss locker ein Schmuckband drum herum schlingen – schon ist der passende Floralschmuck fertig. Die Blätter werden leicht eintrocknen und sich strahlenförmig nach außen biegen, was von oben betrachtet wie eine Sonne ausstrahlt. Mit Rainfarnblüten eine Dekoration, die mehrere Tage halten wird.

Material

flache Bechergläser • doppelseitiges Klebeband • Schmuckband • Spitzwegerichblätter • gelbe Blüten wie Rainfarn und/oder Goldraute

Beklebte Blättermanschette mit Blütenfüllung

Und du, Wegerich, Mutter der Pflanzen,
..., über dich knarren Wagen,...
allen widerstandest du. ... So widerstehe auch
.. dem Gift und der Ansteckung und dem
Übel, das über das Land dahinfährt! (Handschrift aus dem 11. Jh.)

Spitzwegerich-Wiese

in Schalen

Ist einfach und bringt grünen Schwung auf den Tisch!

Den Blumensteckschaum schneide ich auf die Würfelform der Gefäße zu, halbiere und wässere ihn. Dann in ca. 1,5 cm breite Scheiben schneiden. Glaskubus auf eine Seite legen, Blätter dicht an dicht nebeneinander auf den unteren Glasrand legen. Gewässerte Steckschaumscheibe auflegen und hierauf die nächste Lage Blätter gleichmäßig nebeneinander arrangieren. Das Ganze wiederholen, bis das Gefäß komplett mit Blättern gefüllt ist, dabei mit einer Blätterschicht am oberen Glasrand abschließen. Gefäß aufrichten. Nun versehe ich das Schmuckband mit doppelseitigem Klebeband und klebe es um das Glas. Zierknopf aus Kokosnussschale an einem Filzband befestigen und zusätzlich mit Heißkleber auf das breitere Schmuckband kleben.

Material

Glaskubus • Blumensteckschaum • breites Schmuckband • schmales Filzband • Kokosnussknopf • doppelseitiges Klebeband • Heißkleber • gleichlange Spitzwegerichblätter

Spitzwegerich-Wiese in Schalen

1

2

3

4

Wildrose

Heckenrose (Wild-, Hag-, Hundsrose), Rosengewächse

Rosa canina, *Rosaceae*

„Ein Männlein steht im Walde…“ gemeint mit diesem Kinderlied ist tatsächlich die Hagebutte mit ihrem purpurroten Mäntelchen und dem schwarzen Käppelein. Mit den leuchtenden Rosenfrüchten verbinde ich das Bild eines strahlenden, farbenprächtigen Herbstes – das letzte brillante Aufleuchten der Natur mit all ihren Schätzen!

Generell

Unter Wildrose versteht man eine Fülle unterschiedlicher, nicht züchterisch veränderter Rosengewächse, die über recht unterschiedliche Ausprägungen verfügen. **Pflanze:** meist aufrechter, locker wachsender, bis 3 m hoher Strauch mit leicht überhängenden Ästen. **Blätter:** glänzend oder matt, gefurcht, siebenfach gefiedert, Fiederblätter meist elliptisch mit gesägtem Rand, an grünem bis verholzendem Holz mit einzelnen nach hinten gebogenen Stacheln. **Blüte:** bis 5 cm Durchmesser, mit fünf Blütenblättern, intensiv duftend, meist in Rosa, Rot oder Weiß, mittig zahlreiche gelbe Staubgefäße. **Früchte:** variabel in der Form von eiförmig bis rund, meist rot bis orange und als Hagebutten bezeichnet, an längerem Stiel, glatt und glänzend, seltener behaart. **Verbreitung:** weit verbreitet auf fast allen Kontinenten.

Verwendung und Geschmack

Die **Blüten** mit ihrem typischen süßlich-aromatischen Rosenduft können im Juni als essbare Dekoration verwendet werden. Ausgekocht zu Gelees verarbeitet, entfalten sie ihren süßlichen, aromatischen Geschmack. **Früchte:** Die im September heranreifenden Hagebutten eignen sich getrocknet und aufgebrüht für die Zubereitung von Tee. Ihr Mark, unterhalb der roten Haut sitzend und eine Fülle an Kernen umgebend, ergibt ein süß-säuerliches, an Tomatenmark erinnerndes, Vitamin-C-haltiges Mus, süß als Brotaufstrich oder zu Süßspeisen oder pikant in Form von Chutneys oder Soßen. Die **Kerne** können geröstet zu einer Art Kaffee aufgebrüht werden.

Sammelort und Erkennungsmerkmale

Die Wild- oder Heckenrose gilt als wenig anspruchsvolle Pionierpflanze bei der Wiederbegrünung und auf frisch arrondierten Böschungen. Sie wächst als Hecke an Wiesen- und Feldrändern sowie als Grundstückseinfriedung. Die formenreiche Art ist an ihrem buschigen Wuchs und an den typischen fünfblättrigen Rosenblüten, meist mit einfacher Blütenfüllung, zu erkennen. Die Blütenblätter geben beim Zerreiben den typischen süßlichen Rosenduft frei. Die roten, leuchtenden Hagebutten sind meist hart. Eine niedriger wachsende Art mit rauen, matten, rundlicheren Blättern entwickelt sogar bis 5 cm dicke Hagebutten, dann eher orange als rot und deutlich weicher. Hagebutten weisen am Ende die typischen schwarzen, trockenen Kelchblätterreste auf.

1 Die attraktiven rundlichen Blüten der Heckenrose haben meist nur fünf Blütenblätter und in der Mitte eine Fülle an gelben Staubblättern.

2 Ab August bilden sich die Früchte, die man bei Rosengewächsen als Hagebutten bezeichnet.

3 Heckenrosen wachsen oft zu mehreren. Sie bilden dichte, undurchdringliche Hecken und damit attraktive Landmarken in Feld und Flur.

4 Oft vereinzelt, manchesmal auch zu mehreren, sitzen die Hagebutten an verhältnismäßig langen Stielen an den bogigen, ab Oktober oft schon blattlosen Ästen.

Hagebutten-Kürbis-Quiche

Mit der fruchtigen Hagebutten-Komponente eine farblich attraktive wie auch schmackhafte Quiche-Variante, die auf alle Fälle eine kulinarische Bereicherung ist.

Zutaten Teig

225 g Mehl • 110 g Butter • 1 TL Salz • ca. 50 ml Wasser

Zutaten Belag

ca. 300 g Hokkaido-Kürbis • 250 g Hagebutten • 200 ml Cidre • 2 Zwiebeln • Orangenschale, abgerieben • Muskat • 125 g Emmentaler-Käse • 250 g Schmand • 3 Eier • Salz • Pfeffer

Zubereitung

Mehl, Butter, Salz und Wasser zu einem glatten Teig kneten. Auf einer bemehlten Arbeitsfläche ausrollen und in die Form geben, den Rand dabei gut 3 cm hochziehen. Kalt stellen. Kürbis grob raspeln. Hagebutten waschen, Stiel und Kelch abschneiden, halbieren und entkernen. Hagebutten nochmals waschen, damit die feinen Härchen weggeschwemmt werden. Hagebutten im Cidre ca. 10 Minuten weich kochen. Mit wenig Orangenschale und Muskatnuss abschmecken. Zwiebeln schälen und klein schneiden, in der Pfanne mit Butter gut andünsten. Den Kürbis dazugeben und bei schwacher Hitze 30 Minuten mitdünsten. 1/3 der Hagebutten dazugeben, die restlichen pürieren und dann zu der Kürbis-Zwiebel-Masse geben. Vom Herd nehmen. Käse reiben und gut mit dem Schmand und den Eiern verrühren. Kräftig mit Salz und Pfeffer abschmecken. Alles vermischen und in die Form geben. Backofen auf 200° C vorheizen. Die Quiche in 45 Minuten fertig backen.

Mein Tipp:

Das Entkernen der Hagebutten braucht etwas Zeit. Empfindliche Menschen sollten hierbei Handschuhe tragen, sonst kann es durch die feinen Härchen zu Hautirritationen oder Juckreiz kommen. Nicht umsonst werden die Hagebutten von Kindern als Juckpulver verwendet.

Hagebutten-Kürbis-Quiche

Hagebutten-Zwiebelsoße
an Putensteaks

Zutaten

500 g Zwiebeln • 1 unbehandelte Orange • 2 EL Butter • 300 g Hagebuttenmark • 125 ml Weißweinessig • Salz • 100 g Zucker • Curry, Kurkuma oder Muskat zum Abschmecken • 4 Putensteaks

Zubereitung

Zwiebeln klein würfeln und in der Butter andünsten. Orangenschale abreiben und den Saft auspressen, damit die Zwiebeln ablöschen. Mit 200 ml Wasser aufgießen und die Zwiebeln weich kochen. In die Zwiebelmasse die restlichen Zutaten – Hagebuttenmark, Essig, Salz, Zucker, Gewürze – geben und bei starker Hitze zu einer dicklichen Masse kochen. Die Putensteaks in einer Pfanne gut durchbraten und auf einem Spiegel Hagebutten-Zwiebelsoße servieren. Dazu Gemüse und Reis reichen.

Mein Tipp:
Die Hagebutten-Zwiebelsoße kann zur Vorratshaltung auch heiß in saubere Gläser gefüllt werden.

Hagebuttenmark

Zutaten

500 g Hagebutten • Wasser • Weißwein

Zubereitung

Hagebutten waschen und Kelchblätter sowie Stiele abschneiden, dann halbieren und mit einem kleinen Löffel die Kerne entfernen. Die feinen Härchen abwaschen und die Hagebuttenhälften in einen Topf geben und knapp mit Wasser bedecken. Ca. 15 Minuten bei offenem Topf leicht köcheln lassen, dann fein pürieren und falls erforderlich etwas Weißwein zugeben bis es eine sämige Masse gibt. Heiß in Gläser füllen und bis zum Öffnen im Kühlschrank lagern.

Hagebutten-Zwiebelsoße an Putensteaks
mit Hagebuttenmark

Rinde, Beere, Blatt und Blüte, jeder Teil ist Kraft und Güte (Hippokrates, 460–370 v. Chr.)

Hagebuttenkegel

Hier leuchtet der ganze Herbst! Die Herstellung dieser Kegel ist reine Fleißarbeit, aber die Belohnung ist eine lange haltende Dekoration. Jede einzelne Hagebutte muss vom Stielansatz befreit und vom Blütenansatz her auf eine Metallnadel gepiekst werden. Ich setze zum Schutz der Finger einen Fingerhut auf. Anschließend die so vorbereiteten Hagebutten gleichmäßig dicht an dicht auf den Kegel stecken, dabei am unteren Rand beginnen und sich ringartig nach oben arbeiten. Bei jeder zweiten bis dritten Hagebutte lege ich etwas ausgezupftes Moos unter, so dass dieses den Steckschaumuntergrund kaschiert. Zum Schluss, wenn gewünscht, kann die Spitze mit einem Stück Dekorationsband und einer Schmucknadel getoppt werden.

Material

ca. 100 gleichgroße Hagebutten • 100 Metallnadeln • Trockenblumensteckschaum in Kegelform • getrocknetes Moos • Dekorationsband

Mein Tipp:

Besonders schön finde ich mehrere dieser Kegel hintereinander in Reihe längs über den Tisch platziert.

Hagebuttenkegel

Hagebuttenkränzchen
für Tisch und Serviette

Für die Serviettenkränzchen wickele ich Steckdraht einmal um ein Glas, um die kreisrunde Ringform hinzubekommen. Dann wird dieser Ring mit grünem Klebeband umwickelt. Anschließend kurze Hagebuttenstängel mit Wickeldraht auf dieses Kränzchen binden, dabei immer mit dem neu angelegten Zweiglein die Wicklung des vorhergehenden verdecken.
Im gleichen Prinzip wird der größere Tischkranz hergestellt. Hier sollte nur beim Umwickeln mit den Hagebuttenbüschelchen immer etwas ausgezupftes, langfaseriges Moos mitgefasst werden. Das lässt die Dekoration natürlicher aussehen und verdeckt auch etwas die Drahtwicklungen. Wenn gewünscht, kann das Kränzchen an einer Stelle oder aber auch symmetrisch an zwei oder vier Stellen mit einer Bandumschlingung oder Schleife akzentuiert werden.

Material für ein Serviettenkränzchen Ø 6 cm
ca. 20 Büschelchen mit Hagebutten am Stiel • Steckdraht • grünes Klebeband • Wickeldraht

Material für ein Tischkränzchen Ø 20 cm
ca. 80 Büschelchen mit Hagebutten am Stiel • Steckdraht • grünes Klebeband • Wickeldraht • Moos (langfaserig, getrocknet) • Dekorationsband in Orange-Rot

Hagebuttenkränzchen für die Serviette

Geschirr und Produktnachweise

Zum liebevoll zubereiteten Essen gehört auch schönes Geschirr. Folgendes Service, das mir von der Firma ASA dankenswerterweise zur Verfügung gestellt wurde, habe ich bei der Präsentation meiner Rezepte verwendet.

www.asa-selection.com

Alle nicht aufgeführten Produkte stammen aus Privatbesitz.

Giersch ab Seite 6

Teller Seite 9, 11, 15, 17, 18 und 19: „CucinaPorcelain"
Rührschüssel Seite 10: „Manuale"
desweiteren: Glaskaraffe und Trinkgläser Seite 12 und 13 von Leonardo (www.leonardo.de)

Wiesenschaumkraut ab Seite 20

Schiefer-Platte Seite 24, 25, 26, 27 und 29: „Memo"
Teller Seite 23: „Grande"
desweiteren: Glasschalen Seite 22, 23, 26 und 27 von Leonardo (www.leonardo.de)

Knoblauchsrauke ab Seite 34

Teller Seite 36, 37, 38, 39, 41, 42 und 43: „Apero"
Salatschüssel Seite 36: „Grande"
Salatbesteck Seite 36: „Grande"
Porzellanlöffel Seite 36 und 38: „Grande"
Mörser Seite 38: „Grande"
desweiteren: Glasschüssel Seite 40 von Leonardo (www.leonardo.de)

Bärlauch ab Seite 48

Schale Seite 51 und 56: „CubaCrema"
Teller Seite 51, 57 und 59: „CubaCrema"
Auflaufform Seite 52, 53: „Edition 250 C plus/Poletto

Löwenzahn ab Seite 60

Salatschüssel Seite 62: „Grande"
Teller Seite 62, 63 und 65: „Quadrato"
Holztablett Seite 63: „Chava"
3er Schalen Seite 64: „Quadrato"

Brennnessel ab Seite 76

Teller Seite 78, 79, 81, 85 und 90: „CubaCrema"
Platte Seite 78, 79, 87: „CubaCrema"
Schalen Seite 84 und 85: „CubaCrema"
desweiteren: Leinentischdecke, Schürze und Servietten mintgrün Seite 78, 79, 80, 81, 82, 85, 86, 87, 90 von Kardelen (www.kardelen.se)

Holunder ab Seite 92

Teller Seite 94 und 95: „Grande"
Becher Seite 94, 95 und 96: „CoppaMugs"
Schüssel Seite 98: „Grande"
Teller Seite 98 und 99: „A Table"
Unterteller Seite 102 und 103: „Coppa Espresso"
desweiteren: Filzsets Seite 94, 95, 96, 97, 99, 101, 102 und 103 von Hey-Sign (www.hey-sign.de); Schürze mintgrün Seite 98 und 102 von Kardelen (www.kardelen.se)

Gundermann ab Seite 104

Schiefer-Platte Seite 106 und 107: „Memo"
Porzellan-Löffel Seite 106 und 107: „A Table"
Platte Seite 109: „Grande"
Holztablett Seite 110, und 111: „Chava"
Teller Seite 112 und 113: „A Table"
Tassen Seite 118 und 119: „Caffé ti amo"
desweiteren: Bowlengläser Seite 110, 111 und 115 von Leonardo (www.leonardo.de)

Walnuss ab Seite 120

Schalen Seite 122 und 129: „Quadrato"
Unterteller Seite 123: „Caffé ti amo"
Unterteller mit Tasse Seite 124 und 125: „Coppa Espresso"
Dessertteller Seite 124, 125, 132 und 133: „Quadrato"
Platten Seite 128 und 129: „Apero"
Porzellan-Löffel Seite 128 und 129: „A Table"
3er Schalen Seite 131: „Quadrato"
desweiteren: Leinentischdecke und Servietten grau und grün Seite 123, 124, 125, 127, 131 und 133 von Kardelen (www.kardelen.se)

Spitzwegerich ab Seite 134

Teller Seite 136, 137, 138, 139, 142 und 143: „A Table"
Schalen Seite 136 und 137: „A Table"
Auflaufform Seite 138 und 139: „Edition 250 C plus/Poletto

Wildrose ab Seite 148

Teller Seite 151, 152, 153, 156, 157: „CubaCrema"
Porzellanlöffel Seite 152: „Apero"
desweiteren: Filzsets Seite 150, 151, 153, 155 und 156 von Hey-Sign www.hey-sign.de) und Leinentischdecke, Servietten und Schürze grau Seite 150, 152, 153 von Kardelen (www.kardelen.se)

Literaturverweise

Holterman, Dirk und Brigitte Klemme: Delikatessen am Wegesrand, Walter Rau Verlag
Dumaine, Jean-Marie: Meine Wildpflanzenküche, AT Verlag
Fleischhauer, Steffen Guido und Jürgen Guthmann und Roland Spiegelberger: Essbare Wildpflanzen. 200 Arten bestimmen und erkennen, AT Verlag
Gerlach, Hans: Einmachen, GU Verlag
Zeitschrift „Landlust" – Ausgabe Mai/Juni 2007, Landwirtschaftsverlag GmbH
Ettl, Alexander: Zu Gast in deutschen Landen, Sigloch Edition
Költringer, Claudia: Geschenke aus dem Garten selbst gemacht, blv Verlag